なるには
BOOKS
別巻

もっと
ある!

# 学校図書館の司書が選ぶ
# 小中高生に
# おすすめの本
# 220

東京・学校図書館スタンプラリー実行委員会 編著

ぺりかん社

# 新しい本との出合いのために

　本を読んでみたいけれど、どんな本を読んだらいいかわからない。

　いつも同じような本ばかり読んでしまう。

　図書館や本屋さんに行っても、たくさんの本がありすぎて、どこを見ればいいのかさえわからない。

　そもそも、自分が何に興味があるのかがわからない……。

　本を読んでみたいと思っても、実際に読みたい本を探し出すのはとても大変です。書店や図書館に行くとたくさんの本が並んでいて、どれが読みたい本なのかわからなくなってしまうことがよくあります。そのように、自分が読みたい本を見つけることはとても難しいことです。大人でも読みたい本を見つけることは難しいのですから、小学生や中学生、高校生のみなさんにとってはさらに大変なことだろうと思います。

　でも、そこで本を読むのをあきらめないでください。

　この世の中には、みなさんに読んでもらえるのを待っている本がたくさんあります。あきらめないで探していけば、きっと自分にピッタリの一冊に出合えることでしょう。その一冊はみなさんの人生を支えてくれる一冊となるかもしれません。

　人類が文字を生み出して以来、これまでにたくさんの本がつくられてきました。日本では１年に71661冊（2018年）もの本が出版されています。数多くある本の中から、自分が読みた

い本を見つけることは簡単ではありません。そこで、広くて深い本の世界をわかりやすく案内してくれるガイドが必要になるのです。そんな時に頼れるガイドになってくれるのが、みなさんの通っている学校図書館の学校司書や公共図書館の司書、本屋の書店員さん、そしてこの本のような本を紹介するブックガイドです。

　人が読める本の数には限りがあり、どんなに読書家の人でもすべての本を読むことはできません。でも、本の世界にくわしい人に相談したり、そんな人たちがつくったブックガイドを読んだりすることで、自分が読んでみたいと思える本に出合える可能性はぐんと高くなります。ぼんやりした「読みたい」という気持ちをしっかりと受け止め、おすすめの本をいくつも紹介してくれます。もしかしたら自分自身でさえも気づかなかった興味や関心が引き出され、一人では絶対に出合えなかった本とめぐり合えることもあるでしょう。


　この本は「東京・学校図書館スタンプラリー」という学校図書館を公開するイベントで、参加者にプレゼントしているブックガイド小冊子をまとめたものです。「東京・学校図書館スタンプラリー」はこれまで8回開催され、8冊の小冊子がつくられました。そのうち最初の5冊が『学校図書館の司書が選ぶ小中高生におすすめの本300』としてまとめられ、2016年に出版されました。その好評を受けて、今回、2017年から2019年に制作した3冊をまとめ、第2弾としてつくられたのがこの本です。最近出版された本を中心に、学校司書がおすすめする選りすぐりの本が紹介されています。

みなさんに紹介する本を選び、紹介文を書いているのは全員が中学校や高校、中等教育学校の学校図書館で働いている専任の学校司書と司書教諭たちです。私たち学校司書や司書教諭は学校図書館のプロフェッショナルとして、学校図書館に置いてある本のことや学校図書館の使い方、学校図書館の楽しみ方、学校図書館を活用した学習についてなど、学校図書館のことならなんでも知っている頼もしい存在です。

　毎日のように生徒たちと本を通じて接している学校司書・司書教諭だからこそ、みなさんが本当に「読みたい」と思っている本を探し出すことができます。学校図書館にあなた専属の本のソムリエがいるようなもの。本を読んでみたいという気持ちがあったら、遠慮なくいつでも相談をしてみてください。

　この『もっとある！　学校図書館の司書が選ぶ小中高生におすすめの本220』で選ばれている本は、どれも私たち学校司書や司書教諭が自信をもって小中高生のみなさんにおすすめできる本ばかりです。それぞれの本にはキャッチコピーと表紙の写真がついています。それらを見て興味をもった本やおもしろそうだなと思った本があったら、図書館や書店で手に取ってみましょう。きっとそこから新しい読書の世界が広がっていきます。

　この本がみなさんの読書の助けとなることを願っています。

東京・学校図書館スタンプラリー実行委員会

実行委員長　杉山和芳

もっとある！ 学校図書館の司書が選ぶ小中高生におすすめの本220
**目次**

※本書のデータは刊行時のものです。

[装幀]図工室　[カバーイラスト]伊藤彩恵子　[本文イラスト]raregraph 山本州

# このブックガイドの使い方

・このブックガイドでは、本を「日本十進分類法」の分類番号
　順に紹介しています。「日本十進分類法」とは、日本中のほ
　とんどの図書館で使われている本の並べ方の決まりのことで
　す。図書館のすべての本には、０類の001から９類の999ま
　での分類番号がつけられています。番号は本の背表紙に貼っ
　てあるラベルに書いてあります。それぞれの番号には一つひ
　とつに意味があり、似ている内容の本（主題）が近くに集ま
　るようになっています。このブックガイドの各章の扉には、
　０類から９類までの細かい分類表と、その説明が記してあり
　ます。分類の意味がわかると、図書館で簡単に本を探せるよ
　うになります。好きなジャンルの本の分類番号を覚えるのも
　おすすめです。ただ、このブックガイドと同じ本であっても、
　図書館の方針によっては分類番号がこの本と違う場合があり
　ます。このブックガイドの分類番号は目安です。もしみなさ
　んが行く図書館で本が見つからなかったら、図書館のコンピ
　ュータを使って探してみましょう。
　※正式には「分類記号」と言いますが、この本では小中学生の読者に
　　もわかりやすくするためにあえて番号とします。


・同じ分類番号がついた本では、さらに書いた人（著者）の名
　前の五十音順に並べられています。背表紙のラベルにひらが
　なやカタカナ、アルファベットの文字があれば、それが著者
　記号です。著者がたくさんいる場合などでは、本のタイトル

が著者記号になることもあります。本を探す時には、著者の名前も必要になるので覚えておきましょう。

・一冊ごとについている吹き出しは、キャッチコピーです。本を紹介している人が、その本のおすすめポイントを書いています。まずはこのキャッチコピーを見て、おもしろそうな本があったら、紹介文も読んでみましょう。

・このブックガイドに決まった読み方はありません。最初のページから一つひとつじっくり読んでいってもいいですし、適当にパッと開いたページを読むのもよし。好みの分類のページから読むのもいいですね。読み方、楽しみ方は自由自在。いつでも、どこにいても、ブックガイドを開くだけで、本の世界が広がります。

・このブックガイドでは、なるべく手に入りやすい本を紹介しています。なかには品切れになっている本もあるかもしれません。でも、だいじょうぶ。その時は学校の図書館や自宅の近くの図書館に行ってみましょう。そこでは品切れになった本であっても借りることができます。もしその図書館に探している本がなかったら、カウンターにいる司書に相談してみましょう。近くの図書館から本を取り寄せてくれるかもしれません。また、最近は電子書籍が身近になってきました。インターネット環境があれば、いつでもどこでもパソコンやタブレット、スマートフォンで本を読むことができます。品切れになった本も電子書籍で読めることがあります。

## 「なるにはBOOKS別巻」を手に取ってくれたあなたへ

「なるにはBOOKS」は、働くことの魅力を伝えたくて、たくさんの職業について紹介してきました。「別巻」では、社会に出る時に身につけておいてほしいこと、悩みを解決する手立てになりそうなことなどを、テーマごとに一冊の本としてまとめています。

　読み終わった時、悩んでいたことへの解決策に、ふと気がつくかもしれません。世の中を少しだけ、違った目で見られるようになるかもしれません。
　本の中であなたが気になった言葉は、先生やまわりにいる大人たちがあなたに贈ってくれた言葉とは、また違うものだったかもしれません。

　この本は、小学生・中学生・高校生のみなさんに向けて書かれた本ですが、幅広い世代の方々にも手に取ってほしいという思いを込めてつくっています。
　どんな道へ進むかはあなたしだいです。「なるにはBOOKS」を読んで、その一歩を踏み出してみてください。

# "0" で始まる本
# 総記

"0" で始まる番号って、ちょっと不思議な感じがしませんか。ふだん "0" から始まる番号なんてあまり見ませんよね。でも図書館では、ほかの番号の仲間に入れない本たちが集まっている特別な場所なのです。ギネスブックや事典のように一冊にいろいろな内容が入っている本もここ。さらに、コンピュータや読書についての本もここにあります。この本も図書館では "0" で始まる番号がついているかもしれませんね。

## "0"　総記【General works】

| | |
|---|---|
| 000　総記 | 059　一般年鑑 |
| 010　図書館・図書館学 | 060　団体 |
| 020　図書・書誌学 | 069　博物館 |
| 030　百科事典 | 070　ジャーナリズム・新聞 |
| 039　用語索引 | 080　叢書・全集・選集 |
| 040　一般論文集・一般講演集 | 090　貴重書・郷土資料・その |
| 049　雑著 | 　　　他の特別コレクション |
| 050　逐次刊行物 | |

## やる気スイッチ、入ります！

## 『16歳の教科書
### なぜ学び、なにを学ぶのか
### ドラゴン桜公式副読本 』
### 7人の特別講義プロジェクト
### ＆モーニング編集部(編)

講談社
2007年発行　223ページ
本体価格：780円＋税
ISBN：978-4-06-214095-9

002
シ

なぜ勉強しなくちゃならないの？という問いに、4章の大西泰斗先生（英語）はこう答えます。「教養がグリグリと広がる、そんな経験はこの時期を除いてほかにないんですよ。だから、『受験勉強なんかイヤだな』と受け身で過ごすことほどもったいないことはない、僕はそう思います」。この力強い言葉にものすごく同意。ほかにも「そうそう！」という記述がたくさんあり、自分用にも一冊購入したほど興奮する本です。

## 君は魔法をかける側か、かけられる側か

## 『これからの世界を
## つくる仲間たちへ』
### 落合陽一

小学館
2016年発行　223ページ
本体価格：1300円＋税
ISBN：978-4-09-389764-8

007
オ

今、日本でいちばん有名人かもしれない、研究者・アーティスト・経営者と多彩な顔をもち「現代の魔法使い」と呼ばれる落合陽一さんが、若い人に向けて書いた一冊。技術の進歩やインターネットの普及によって、世の中は大きく変わりつつあります。人工知能（AI）に仕事を奪われるかもしれないといわれている現在、さまざまなことをわかりやすく説明してくれ、これからの世界をどう生きるか、どうよくしていくかをいっしょに考える内容です。

## ニンゲンテ、オモシロイ、デスネ

# 『〈弱いロボット〉の思考
**わたし・身体・コミュニケーション』**
岡田美智男

講談社（講談社現代新書）
2017年発行　264ページ
本体価格：860円＋税
ISBN：978-4-06-288433-4

007
オ

Pepper（ペッパー）のような高機能なロボットが普及する中、著者はあえて機能の少ない「弱いロボット」をつくっています。たとえば、自分ではゴミを拾えない〈ゴミ箱ロボット〉。不思議なことに、人間の手助けでゴミは片付くのです。著者は思わず手助けしたくなるロボットを通して、コミュニケーションの仕組みを探っていきます。人間だって、なんでもできる「高機能」な人にならなくていいのかも。そんなことも考えられるおもしろい本です。

## プログラミングって、なんだろう

# 『ルビィのぼうけん
**こんにちは！プログラミング』**
リンダ・リウカス（作）、
鳥井 雪（訳）

翔泳社
2016年発行　113ページ
本体価格：1800円＋税
ISBN：978-4-7981-4349-1

007
リ

この本はフィンランドの女性プログラマーが、小さな子どものためにつくり上げた絵本です。前半は宝石探しの物語で、後半は遊びながらプログラミングについて学ぶアクティビティーになっています。大きな問題を小さく分けたり、命令を順番に並べたり、間違いを探したり、プログラミングってこのようにつくっていくのだと教えてくれます。小さなお子さんなら親子で、小学校高学年以上なら一人でも遊ぶことができますよ。

## 本の中にはすてきな世界が広がっている！

### 『小さな本の大きな世界』
**長田 弘(著)、酒井駒子(絵)**

クレヨンハウス
2016年発行　301ページ
本体価格：3200円＋税
ISBN：978-4-86101-326-3

019
オ

詩人の長田弘さんが選んだたくさんの本が、それぞれそのテーマになる言葉を軸にして紹介されている珠玉の本。「あなたがいるから」「もう一つの時間」「立ちどまって、ゆっくり」など、その一冊一冊に広がる大きな世界は、きっとあなたの心を魅了するはずです。酒井駒子さんが描くうさぎたちが、「小さな本の大きな世界」へと導いてくれるようです。どうぞ気に入ったキーワードから、あなたの一冊を選んでみてください。

## 本を読む意味ってなんだろう？

### 『読書は格闘技』
**瀧本哲史**

集英社
2016年発行　160ページ
本体価格：1000円＋税
ISBN：978-4-08-771655-9

019
タ

勉強も読書も、賢くなった自分から過去の自分をふり返ってみてはじめて、それらが必要だったと知ることができるのだと思います。この本ではテーマごとに主張の相反する2冊がバトル形式で紹介されています。しかし、格闘するのは本同士ではなく、書かれた内容と読み手である"きみ"自身なのです。紹介されているものは、すべて難しい本ばかり。だからこそ、自分自身の思考力を鍛えるための道しるべともなるのです。

# 『世界不思議地図』
佐藤健寿(著)、阿部 結(絵)

朝日新聞出版
2017年発行　167ページ
本体価格：3400円＋税
ISBN：978-4-02-331573-0

049
サ

世界各地に伝わる不思議な伝説。見たことのない奇妙(きみょう)な生物。いつなんのためにつくられたのかわからない遺跡(いせき)。どうしてこんなものをつくったのか首をかしげたくなる建造物。不思議な事件に不思議な場所、UFO の出現……。ちょっと恐(おそ)ろしいものから、思わず笑ってしまうものまで、ありとあらゆる摩訶(まか)不思議(ふしぎ)なものを世界中から集めて、写真やイラストつきで紹介(しょうかい)しています。この本を開いてあなたも世界の不思議をのぞいてみませんか？

# 『人間はだまされる
フェイクニュースを見分けるには 』
三浦準司

理論社（世界をカエル　10代からの羅針盤）
2017年発行　206ページ
本体価格：1300円＋税
ISBN：978-4-652-20216-6

070
ミ

情報があふれている時代だからこそ、うまく使いこなすポイントを知っておきましょう。新聞などのニュースの記事やインターネット情報がどうやってつくられているか、知っていますか？　自分がネットなどで情報を発信する時にどんなことが起きるのか、についても具体的に書かれています。ニュースを見てパッと感情的に反応するのではなく、冷静に読み解いて考えられるような、賢(かしこ)い情報の送り手、受け手になりましょう。

世界をもっと優しい場所に
するために

## 『写真で伝える仕事
### 世界の子どもたちと向き合って』
### 安田菜津紀

日本写真企画
2017年発行　45ページ
本体価格：926円＋税
ISBN：978-4-86562-045-0

| 070 |
| --- |
| ヤ |

紛争（ふんそう）や災害などで苦しんでいる人、悲しんでいる人、そしてその中にもある喜びの瞬間（しゅんかん）を広く知らせる仕事をしている安田菜津紀（やすだなつき）さん。さまざまな国や地域を訪れて撮（と）った写真とともに、フォトジャーナリストの仕事を紹介（しょうかい）しています。また、仕事をする意義や難しさについても語られています。安田さんの写真から、これまで知らなかったようなシリアやイラクなど世界の現状が伝わってきます。世界を少しでも変えていくために、まず知ることから始めましょう。

# "1"
## で始まる本
## 哲学

あなたは考えるのが好きですか？ そんな人におすすめなのが
"1"で始まる番号の本。ここには、人の思考や心について、
神様や仏様といった宗教や信じるということについての本がそ
ろっています。昔から人は、世界を知るためにたくさんのこ
とを考えてきたのです。そんな"考え"が集まっているのがこ
の分類。「なぜ自分は生きているの？」「神様はいるのかな？」
「人はどんなことを考えているのか？」というような疑問をも
ったら、"1"で始まる番号の本を手に取ってみては？

「読む」本ではなく
「考える」本

## 『100の思考実験
**あなたはどこまで考えられるか**』
ジュリアン・バジーニ(著)、
向井和美(訳)

紀伊國屋書店
2012年発行　405ページ
本体価格：1800円＋税
ISBN：978-4-314-01091-7

| 104 |
|-----|
| バ |

思考実験とは、実際には実験できない状況を想定し、それに対する答えを理論的に追究するものです。「道徳を冒瀆しているけれど芸術的に優れた映画は上映すべき？」「遺伝子操作で食べられることを望むようになったブタならベジタリアンが食べても問題ない？」など、思わず頭をかかえてしまいそうな刺激的な問いの数々が、私たちをふだんとは違った深い思考に導いてくれるはず。誰かと朝まで語り合いたくなる、そんな一冊です。

人を殺してはいけない、
本当の理由は？

## 『みんなの道徳解体新書』
パオロ・マッツァリーノ(著)

筑摩書房（ちくまプリマー新書）
2016年発行　179ページ
本体価格：780円＋税
ISBN：978-4-480-68969-6

| 150 |
|-----|
| マ |

「よい子」を強制されるようで、道徳ってウザい〜と思っていました。実際、道徳を学んだからといって、いじめや犯罪がなくなることはありません。オトナだって道徳を実践できているとは限らないのに、どうして子どもに道徳を学ばせようとするのでしょうか。そこには「よい子でいてほしい」だけではない、オトナ側の事情がちゃんとあったのです。道徳とはいったいなんなのか？　この不思議な教科の仕組みを解き明かします！

## 君は、なんでもできる

## 『「どうせ無理」と
思っている君へ
本当の自信の増やしかた 』
植松 努

PHP エディターズ・グループ（発行）、
PHP 研究所（発売）
2017年発行　175ページ
本体価格：1200円＋税
ISBN：978-4-569-78640-7

159
ウ

自分に自信がもてない人、人と自
分を比べて悲しんでいる人は読み
ましょう。「どうせ無理」という呪
文をもつ人は「悪人ではなく被害
者」「誰かと比べたり、何かの勝負
に勝ったりして生まれるのは、自
信ではなくて優越感」「君の最高の
味方は、君自身」「『いきなり本番』
ではなく小さく試す」など、人生
のエールが詰まっています。作者
のスピーチは、TEDxSapporo の
YouTube で400万回再生されまし
た。半信半疑の人は、まず You
Tube で生の声を聞いてみては？

## 「空気」は自分で変えられる

## 『「空気」を読んでも
従わない 　生き苦しさからラク
になる 』
鴻上尚史

岩波書店（岩波ジュニア新書）
2019年発行　202ページ
本体価格：820円＋税
ISBN：978-4-00-500893-3

159
コ

「空気読めよ〜」は、日常的な言
葉かもしれません。でも、「空気」
ってなんなのか説明できますか？
イヤな気分のまま、なんとなく従
っていませんか？　この本では、
著者が読み解いた「空気」の正体
を教えてくれます。残念ながら、
この重苦しい「空気」は、学校だ
けでなく、社会に出ても存在しま
す。今のうちにその正体を知って、
うまく「空気」を変えられるよう
になってください。毎日がすごく
ラクになりますよ。

『マンガでわかる！ 10代に
伝えたい名言集』
定政敬子（文）、北谷彩夏（絵）

大和書房
2018年発行　175ページ
本体価格：1400円＋税
ISBN：978-4-479-39300-9

159
サ

レディ・ガガやイチロー、ガンジ
ー、ドストエフスキーなど、偉人
232人の言葉を集めました。古今
東西、なんらかを成し遂げた人た
ちにも子ども時代があり、さまざ
まな困難を乗り越えてきました。
その言葉は説得力があり、日々の
悩みにそっと寄り添ってくれます。
「ネットやゲームがやめられない
きみへ～スティーブ・ジョブズ～
この地上で過ごせる時間には限り
があります。本当に大事なことを
一生懸命できる機会は2つか3つ
くらいしかないのです」。

『ミライの授業』
瀧本哲史

講談社
2016年発行　266ページ
本体価格：1500円＋税
ISBN：978-4-06-220017-2

159
タ

世間にはミライの予測があふれて
います。近い将来、現在ある仕事
の大半がなくなる、人工知能
（AI）が人間の知能を超える、
2007年に日本で生まれた子ども
の半数は107歳以上生きるなど、
いったい何が本当のことなのでし
ょうか。自動運転、無人会計シス
テム、音声認識スピーカーなど、
技術革新の波は間近に迫っている
ように感じます。著者は“14歳の
きみ”に向けて、知的に生き抜く
ヒントとみずからの思想のエッセ
ンスを、人物伝とともに授けます。

正しく知ることから始まる
国際交流

# 『となりのイスラム
## 世界の3人に1人が
## イスラム教徒になる時代』
### 内藤正典

ミシマ社
2016年発行　252ページ
本体価格：1600円＋税
ISBN：978-4-903908-78-6

167
ナ

「イスラム国」というテロ集団のために、イスラム教徒のことを誤解している人がいるのではないでしょうか。みなさんのなかにも、「怖い」というイメージをもつ人がいると思います。でもそれは、相手のことをよく知らないから「怖く」なったり「誤解」したりしてしまうのです。イスラム教徒は、本当はもてなし、分かち合う人びとです。長くイスラムの研究を続けている先生が、とてもわかりやすく本当のイスラム教徒の姿を解説してくれます。

# "2" で始まる本
# 歴史

「昔のことを知りたい！」「ほかの国のことを調べてみたい！」「あの有名な人はどんな人生を送っていたの？」。そういったことを知りたい人には "2" で始まる番号の本がおすすめ。この棚には歴史の本や昔の偉い人たちの伝記、いろいろな場所のことが書いてある地理の本が集まっています。みなさんのいるこの地球には、昔からたくさんの人がさまざまな文化をもって生きてきました。そんな人たちの生き方を知りたい時にはこの棚の本を見てみましょう。

## "2" 歴史【History】

## 「わかる」って、なんだろう？

## 『自分のなかに
歴史をよむ』
阿部謹也

筑摩書房（ちくま文庫）
2007年発行　222ページ
本体価格：600円＋税
ISBN：978-4-480-42372-6

201
ア

現在の私たちは、インターネットのおかげで、知りたいことを手軽に調べることができます。でも、それで本当に「わかる」のでしょうか。著者は中学生のころ、修道院の施設で暮らしたことから、「ヨーロッパを解りたい」と歴史研究の道へ進みます。研究でも、留学先の生活でも、自分の感じたことを手がかりに、一つひとつ答えを探していきます。「学ぶことは生きること」という言葉の意味が、すとんと腑に落ちる一冊です。

## 今の時代だからこそ、読むべき一冊

## 『不死身の特攻兵
軍神はなぜ上官に反抗したか』
鴻上尚史

講談社（講談社現代新書）
2017年発行　292ページ
本体価格：880円＋税
ISBN：978-4-06-288451-8

210
コ

「自分の操縦技術を、特攻で終わりにするわけにはいかない」。そう思ったパイロットは、上官の命令に背き、何度も何度も戦場から帰還します。誤報による死亡記事が新聞に載り、実家で栄誉葬が行われても、なお生き続けた特攻隊員。精神論による思考停止や、「命令は絶対」といった思い込みから起こる悲劇は、今の時代も変わっていません。単に反戦・平和を謳う角度とは異なる視点からのノンフィクションです。

「れきはく」って
どんな博物館かな？

## 『わくわく！探検
## れきはく日本の歴史 1

**先史・古代』**

**国立歴史民俗博物館(編)**

吉川弘文館
2019年発行　74ページ
本体価格：1000円＋税
ISBN：978-4-642-06821-5

| 210 |
| :-: |
| コ |
| 1 |

みなさんは博物館へ行ったことが
ありますか？　「れきはく」とは、
千葉県の佐倉市にある国立歴史民
俗博物館のことです。「れきはく」
では、先史・古代から現代までの
日本の歴史と文化を知ることがで
きる展示をしています。子ども向
けにも展示が工夫されていて、さ
まざまな体験や遊びもできます。
そんな「れきはく」が本になりま
した。この本はシリーズ全5巻。
博物館の展示を見ているような感
覚で、楽しみながら日本の歴史や
文化を学べます。

真剣に聞く。
そこから何が始まるか？

## 『綾瀬はるか
## 「戦争」を聞く』

**TBSテレビ『NEWS23』**

**取材班(編)**

岩波書店（岩波ジュニア新書）
2013年発行　210ページ
本体価格：900円＋税
ISBN：978-4-00-500741-7

| 210 |
| :-: |
| テ |

女優の綾瀬はるかさんは、広島県
出身。この本は綾瀬さんが、自分
のお祖母さんに原爆の体験を聞く
ところから始まります。広島、長
崎、沖縄、ハワイの真珠湾、それ
から東日本大震災の被災地……。
綾瀬さんはさまざまな地をめぐり、
多くの人から体験を聞いていきま
す。全力で聞く人がいるからこそ、
つらい思いを超えて語ってもらえ
た話の数々です。伝えていかなけ
ればならないのは戦争の話に限り
ません、あなたは聞く力をもって
いますか？

# 『そのときあの人は
いくつ？

**何歳でも歴史はつくれる**』

池上 彰（監修）、稲田雅子（著）、
クー（絵）

小学館
2008年発行　159ページ
本体価格：1400円＋税
ISBN：978-4-09-387783-1

280
イ

「ショパンは7歳で作曲！」「徳川家康は60歳で幕府を開いた！」「カーネル・サンダースは62歳でKFCを創始！」。歴史に名を残した人たちは、何歳の時にその偉業を成し遂げたのでしょうか。時代や国を超えて、6歳から100歳まで年齢順に101人が登場します。私たちも「まだ若いから……」「もう年だから……」とか言っていられません。いつでも、どんな状況でも、希望をもって一歩を踏み出しなさいとはげましてくれます。

# 『天才たちの
びっくり!?　子ども時代』

ジャン・ベルナール・プイ、
アンヌ・ブランシャール（著）、
セルジュ・ブロッシュ（絵）、
木山美穂（訳）

岩崎書店
2010年発行　152ページ
本体価格：3000円＋税
ISBN：978-4-265-81056-7

280
プ

現在「天才」と呼ばれているアインシュタイン、エジソン、ピカソといった人たちは、小さなころから賢かったのでしょうか。いいえ、むしろ問題児と見られていました。そんな33人の天才たちの子ども時代を、自伝や手紙や歴史書から引用して、おもしろく紹介したのがこの本です。おしゃれなイラストと豊富な写真も、この本の見どころのひとつ。みなさんは、天才たちの子ども時代の話から、どんなことを感じるでしょうか。

## 『失敗図鑑
**偉人・いきもの・発明品の
汗と涙の失敗をあつめた図鑑』**
mugny（絵）、いろは出版（編著）

いろは出版
2018年発行　111ページ
本体価格：2700円＋税
ISBN：978-4-86607-054-4

| 280 |
|---|
| マ |

人物・いきもの・モノ、320個の失敗エピソードを楽しいイラストで紹介。有名な科学者や芸術家、冒険家、武将も、大小さまざまな失敗、意外な失敗、笑える失敗をしていた！　そして、失敗を乗り越え、何かを成しとげて歴史に名を残した……。そんなことを想像すると、偉人たちがちょっぴり身近に感じられるとともに、元気や勇気が湧いてきます。失敗から生まれた発明品・ヒット商品の秘話や、いきものたちの失敗にも驚きとなるほどがいっぱいです。

## 『星の旅人
**伊能忠敬と伝説の怪魚』**
小前　亮

小峰書店
2018年発行　280ページ
本体価格：1600円＋税
ISBN：978-4-338-08162-7

| 289 |
|---|
| コ |

「いくら手を伸ばしても、天の星にはとどかぬ。だが、頭で道理を考え、手足を動かして測量すれば、地を歩いていても星にとどくかもしれぬ。それが学問だ」（扉の文章より）。伊能忠敬といえば、日本全国を歩いて測量し、はじめて日本地図をつくったことで有名です。しかし、彼はなんとこの偉業を、55歳を過ぎてからの17年をかけて成し遂げたのです。生涯学び続けること、そして地道に歩むことの大切さを教えてくれる一冊です。

レッツ・ギョー！
好きなこと続けよう

# 『さかなクンの一魚一会
## まいにち夢中な人生！』
### さかなクン（著・イラスト・題字）

講談社
2016年発行　271ページ
本体価格：1300円＋税
ISBN：978-4-06-220100-1

| 289 |
|-----|
| サ |

さかなクンはお魚が大好きで、お魚の絵を描くのに夢中でした。でも、勉強は苦手で進学や就職はすんなりとはいきませんでした。そんな中、「専門学校を卒業してから数年。自分にピッタリの生き方が見つからず、フラフラと試行錯誤しながら回遊していた自分の目の前に、とつぜん光が射した」。初恋のお魚、ウマヅラハギやクニマスとの出合い。まるで導かれるようにして起こる偶然。「言葉に出すと夢はかなう」のです。

---

気象学で世界を救った
科学者がいた！

# 『Mr. トルネード
## 藤田哲也 航空事故を激減させた男』
### 佐々木健一

文藝春秋（文春文庫）
2019年発行　356ページ
本体価格：820円＋税
ISBN：978-4-16-791392-2

| 289 |
|-----|
| サ |

現在、私たちは飛行機で安全に旅をすることができます。しかし昔は、1年半に一度の割合で謎の飛行機墜落事故が起こり、100名を超す人びとが命を落としていました。この悲劇を食い止めたのは、気象学者の藤田哲也です。彼は長崎で原爆の被害調査をしたのちアメリカにわたり、竜巻の大きさを分類する単位の原型を考え出しました。さらに、飛行機が墜落する原因である気象現象「ダウンバースト」を発見し、飛行機の安全対策におおいに役立ったのです。

## 『ひらけ蘭学のとびら

『解体新書』をつくった杉田玄白と
蘭方医たち』

鳴海 風(著)、関屋敏隆(画)

岩崎書店
2017年発行　164ページ
本体価格：1500円＋税
ISBN：978-4-265-84009-0

289
ナ

江戸時代、人体の構造は未知の領域でした。当時は解剖も禁止されており、医師でさえ人体についての正確な知識がなかったのです。それに疑問をもったのが杉田玄白。医者の家に生まれた玄白は、より先進的な医学を求めていました。そしてある日、人体解剖図があるオランダの医学書に出合います。仲間の医師らとオランダ語の辞書もないまま訳し始め、苦労を重ねて４年後に『解体新書』を出版。近代医学の扉を開いた杉田玄白の伝記です。

## 『行かずに死ねるか！

世界９万5000km 自転車ひとり旅』
石田ゆうすけ

幻冬舎（幻冬舎文庫）
2007年発行　323ページ
本体価格：600円＋税
ISBN：978-4-344-40959-0

290
イ

アラスカからアメリカ、南米、ヨーロッパ、アフリカ、そしてアジア……。自転車に乗って世界一周した旅行記です。途中、強盗に遭うなどさまざまなトラブルに巻き込まれながらも、個性的な仲間と出会い、現地の人びとの優しさに助けられます。３年半だった旅の予定が、気がつけば７年経っていました。電車やバスではなく、自分の足を使って回ったからこそ、長い長い旅の終わりに見えてきたものとは……？　前向きな気持ちにさせてくれる本です。

『グレートジャーニー
探検記 THE GREAT
JOURNEY』
関野吉晴

徳間書店
2013年発行　79ページ
本体価格：1200円＋税
ISBN：978-4-19-863569-5

| 290 |
| --- |
| セ |

冒険家の関野吉晴さんは、アフリ
カから南アメリカまで、人類が歩
んだ５万キロメートル以上の道の
りを逆のルートで旅しました。
1993年にチリのナバリーノ島か
らスタートし、10年かけて、自
転車や徒歩、カヤック、ラクダ、
トナカイ、犬ぞりなどで進んで行
きました。延べ日数2990日の旅
に、どんな困難や出会いがあった
のでしょう？　この本は、その旅
のなかでも特に印象的だったとい
う探検の記録や、寄り道で出会っ
た人びとを紹介しています。

『ふしぎな県境　歩ける、ま
たげる、愉しめる　カラー版』
西村まさゆき

中央公論新社（中公新書）
2018年発行　192ページ
本体価格：1000円＋税
ISBN：978-4-12-102487-9

| 291 |
| --- |
| ニ |

表紙からは想像できない、ちょっ
とゆるい県境めぐりの本です。ショッピングモールの中を横切る県
境や、綱引きで決める県境（とい
ってもお祭りなので、本当に動く
わけではない）や、危険すぎる県
境などが紹介されています。なか
でも、群馬、埼玉、栃木の三県境
は、日本で唯一鉄道駅から歩いて
数分で行けるため、県境マニアの
聖地になっているそうです。見た
目はただの田んぼのあぜ道ですが、
たったの２歩で３つの県をわたり
歩ける貴重な場所です。

南極をめざす
勇気ある男たちの冒険

# 『シャクルトンの大漂流』

**ウィリアム・グリル**(作)、
**千葉茂樹**(訳)

岩波書店
2016年発行　71ページ
本体価格：2100円＋税
ISBN：978-4-00-111260-3

297
グ

1914年8月8日、シャクルトンを含む28人の隊員と69頭の犬は、南極大陸横断をするため、エンデュアランス（不屈の精神）号に乗ってイギリスの港を出ました。しかし、船が大きな氷に囲まれて進めなくなってしまったり、氷によって船が破壊されてしまったりと、困難な旅になりました。厳しい寒さ、乏しい食料、そんな中でもシャクルトンたちは、希望を失わず生きようと努力しました。約2年にわたるハラハラドキドキの冒険話です。

# "3" で始まる本
# 社会科学

社会について知りたいあなたにおすすめなのは、"3"で始まる番号の本。「お金のことを知りたい」「なんで勉強しなきゃいけないの？」「政治ってどうやって行われているの？」といった社会についてのさまざまな疑問・質問に答えてくれる本があります。私たちは、家族や学校、地域、国などの一員として生活をしています。社会に関心をもち、自分の世界を広げていくことが、あなた自身を大きく成長させてくれることでしょう。

## "3" 社会科学【Social Sciences】

私たちにできることは？

# 『サニーちゃん、
シリアへ行く』
葉 祥明（絵）、長 有紀枝（文）、
黒木英充（監修）

自由国民社
2016年発行　32ページ
本体価格：1400円＋税
ISBN：978-4-426-88313-3

302
ヨ

ヌーラちゃんの住むシリアでは空
爆でたくさんの命が奪われ、人び
とは日々おびえながら暮らしてい
ます。ヌーラちゃんの仲良しのお
友だち、アリーくんもルカイヤち
ゃんも国外へ逃げました。二人と
もシリアに帰れる日を待ち望んで
います。この同じ地球上に、住む
家を失い、学校に行けない子ども
たちがいるのです。遠く離れた日
本に住む私たちにできることは、
まず知ろうとすること。うさぎの
サニーちゃんといっしょに考えて
みましょう。

18歳になる前から
知っておきたい！

# 『話したくなる
世界の選挙
世界の選挙をのぞいてみよう』
コンデックス情報研究所（編）

清水書院
2016年発行　143ページ
本体価格：2200円＋税
ISBN：978-4-389-50051-1

314
コ

世界では選挙の方法もさまざま。
その話題を「話したくなるランキ
ング」順に並べてあるので、どん
どん読みたくなります。たとえば
「オーストラリアの投票率は100
年近く90パーセント超え」「タイ
では選挙期間中、お酒を飲んでは
いけない」「インドネシアの投票
所には釘が置いてある」などなど。
思わず「え〜っ、なんで？」と言
ってしまうおもしろい話題もいっ
ぱいです。それぞれ「日本の場合
はどうなのか」がきっちり書いて
あるのも、わかりやすい！

考えよう、
世界で起きている問題を

# 『今、世界は
あぶないのか？

**争いと戦争**』

**ルイーズ・スピルズベリー**(文)、
**大山　泉**(訳)、**ハナネ・カイ**(絵)

評論社
2017年発行　32ページ
本体価格：1500円＋税
ISBN：978-4-566-08021-8

| 319 |
|-----|
| ス |

『争いと戦争』『差別と偏見』『難
民と移民』『貧困と飢餓』の４冊
からなるシリーズです。世界には
いろいろなことで困っている人、
苦しんでいる人がいます。どうし
てそんなことが起こっているのか、
どうしたらいい方向にもっていけ
るのか、私たち子どもにできるこ
とはあるのか、を考えていきます。
どこか遠い国の話と思わないでく
ださい。自分の身近なこととして
考え、想像力を働かせることで、
自分たちにできることがきっと見
つかるはずです。

知ってほしい、考えてほしい

# 『国境なき助産師が行く

**難民救助の活動から見えてきたこと**』

**小島毬奈**

筑摩書房（ちくまプリマー新書）
2018年発行　223ページ
本体価格：840円＋税
ISBN：978-4-480-68336-6

| 329 |
|-----|
| コ |

著者は「国境なき医師団」で助産
師として６カ国、計８回の活動に
参加。中東・アフリカの難民キャ
ンプや地中海難民ボートなどの厳
しい状況下でも、もち前の行動力
と明るさで困難を乗り越え、多国
籍な人びととの活動や交流を通し
て、さまざまなことを感じ、考え
ます。戦争や紛争、貧困、病気、
女性の人権など重いテーマながら、
ときにユーモアも交え、難民救助
の現状とみずからの思い、日本人
へのメッセージをすなおな言葉で
伝えてくれます。

## 自分を活かして社会に貢献する

## 『危機の現場に立つ』
中満 泉

講談社
2017年発行　260ページ
本体価格：1400円＋税
ISBN：978-4-06-220629-7

329
ナ

国連事務次長・軍縮担当上級代表として世界を舞台に活躍している著者が、これまでに経験してきた紛争地での平和活動の難しさ、やりがいをとてもわかりやすく教えてくれます。また、スウェーデンと日本という２つの国で子育てを経験して考えたこと、これからに向けた提案など、なるほどとうなずけることばかり。世界が直面している問題や、女性として世界で活躍するということの大切さと心構えも教えてくれます。

## お金は健康と同じくらい大切

## 『13歳からの経済のしくみ・ことば図鑑』
花岡幸子、matsu（イラスト）

WAVE出版
2018年発行　198ページ
本体価格：1400円＋税
ISBN：978-4-86621-126-8

330
ハ

経済の仕組みや国際経済学などがイラストつきで解説されており、10代から大人まで楽しく学べます。電子マネーや仮想通貨のビットコイン、アルトコインについての説明もあります。経済を学ぶことは、日々の生活を堅実に過ごすことにつながり、さらに世の中の動きやニュースが理解できるようになります。経済用語がイラストと短い文章にまとめられているので、飽きずに読み進むことができます。手元に置いておきたい一冊です。

あなたがこれを買うには、
こんな理由があった！

# 『ヘンテコノミクス

**行動経済学まんが**』
**佐藤雅彦、菅 俊一**(原作)、
**高橋秀明**(画)

マガジンハウス
2017年発行　159ページ
本体価格：1500円＋税
ISBN：978-4-8387-2972-2

| 331 |
| --- |
| サ |

「行動経済学」とは合理的に説明できない経済活動を、人間の心理という観点から解き明かそうという学問。2017年に米国のセイラー博士が、ノーベル経済学賞を受賞した注目の分野です。経済行動における人間のヘンテコな心理を、身近な例をあげてユニークなマンガで紹介(しょうかい)しています。たとえば、値段の違(ちが)う３種類のランチ、あなたならどれを選ぶ？　ふつうの梅干し弁当を最高のおいしさで味わうには？　すべての秘密はこの本に！

人びとを
幸せにしてみませんか？

# 『高校生からの経済入門』
**中央大学経済学部**(編)

中央大学出版部
2017年発行　181ページ
本体価格：900円＋税
ISBN：978-4-8057-2710-2

| 331 |
| --- |
| チ |

新聞やテレビでよく見聞きする「経済」という言葉。なんだか難しいと思っていませんか？「経済」の語源は中国の古典に登場する「経世済民(けいせいさいみん)」という四字熟語です。「世の中を経(おさ)め、人民を済(すく)う」こと。「どうして大学へ行くの？」「お金って何だろう？」「女子が『働く』って『ツラい』こと？」。中学生や高校生にとって身近な問題に焦点(しょうてん)を当てながら、経済を通して人びとの幸せを考えてもらいたい一冊です。

はっきり白黒つけてやる！

## 『進め‼ 東大ブラック企業探偵団』
**大熊将八**

講談社
2016年発行　270ページ
本体価格：1400円＋税
ISBN：978-4-06-219574-4

336
オ

「このままでは、日本の企業はぜんぶブラック企業になるかもしれないわ！」「な、なんだってー⁉」東大生のハルキ、マオ、カンタの３人が、外食産業、メディア業界、家電メーカー、金融業界を分析し、ブラック企業を暴き、ホワイト企業を見つけ出す！　というお話です。企業分析がベースなので難しい経済用語も出てきますが、ストーリーを追っていくうちになんとなく理解できるようになります。それぞれの業界の仕組みもよくわかりますよ。

友だち百人できるかな〜♪

## 『友だち幻想』
**菅野 仁**

筑摩書房（ちくまプリマー新書）
2008年発行　156ページ
本体価格：740円＋税
ISBN：978-4-480-68780-7

361
カ

SNS（ソーシャル・ネットワーキング・サービス）が広がり、膨大な情報があふれる現代。たくさんの友だちと、楽しく、キラキラしたリア充の毎日じゃないとダメ！　というメッセージが、世の中にあふれています。それは時に、私たちの心を重苦しく、毎日をツラくさせることはないでしょうか。なぜなら、そうじゃないことが多いから。そんな時に読んでほしい一冊。友だちや社会との関係も含め、本当の幸せって何かを、あらためて考えてみましょう。

> この道具は、
> どうやって使うのかな？

## 『しごとば』
### 鈴木のりたけ

ブロンズ新社
2009年発行　1冊
本体価格：1700円＋税
ISBN：978-4-89309-461-2

366
ス

世の中にはたくさんの仕事があります。仕事を紹介する本は多く出版されていますが、「しごとば」が描（えが）かれている本は、少ないと思います。さらにこの本では、それぞれの仕事に必要な道具が、細かくたくさん描（えが）かれています。これは何をする道具なのかなぁ、と考えたり、想像したりして読むのがとても楽しいです。たとえば、革職人さんが使う包丁はたてに握（にぎ）り、革を切ります。では、すし職人さんのしごとばで、いっしょにカウンターの中を見てみませんか。

> サバ缶はつなぐ
> ―石巻と世田谷と―

## 『蘇るサバ缶
### 震災と希望と人情商店街』
### 須田泰成

廣済堂出版
2018年発行　221ページ
本体価格：1300円＋税
ISBN：978-4-331-52150-2

369
ス

宮城県（みやぎ）の石巻（いしのまき）を襲（おそ）った大津波が飲み込（こ）んだのは、100万個のサバ缶。掘（ほ）り出された泥（どろ）だらけのサバ缶が洗われたのは、東京都（とうきょう）世田谷区（せたがや）経堂（きょう）の商店街の一角でした。石巻の「木の屋」のおいしいサバ缶を待ちわびる人たちが、世田谷の「さばのゆ」に集まってボランティアでサバ缶の泥（どろ）を洗い、その味を伝え広げることで、「木の屋」は奇跡（せき）の復活を果たします。サバ缶がつないだ人と人。同じ内容がやさしく描（えが）かれた絵本『きぼうのかんづめ』は、小学生でも読めます。

## "真実"を届ける勇気を もち続けて

## 『君とまた、あの場所へ
### シリア難民の明日』
**安田菜津紀**

新潮社
2016年発行　159ページ
本体価格：1600円＋税
ISBN：978-4-10-350031-5

> 369
> ヤ

フォトジャーナリストの安田菜津紀さんは、シリアやヨルダンの難民キャンプなどで生きる人びとの姿をファインダー越しに伝えています。負傷した父親が娘と離れ離れになって暮らす家族の姿や、爆撃の影響で傷を負った少年に接するなかで、写真を通じて"伝える"ということの意味を安田さん自身が悩み、苦しむようすがうかがえます。それでも現場に足を運び、そこで暮らす人びとに寄り添った"証"を私たちに伝え続けてくれるのです。

## 違いを「知る」「理解する」！

## 『みえるとか
## みえないとか』
**ヨシタケシンスケ**（さく）、
**伊藤亜紗**（そうだん）

アリス館
2018年発行　32ページ
本体価格：1400円＋税
ISBN：978-4-7520-0842-2

> 369
> ヨ

自分と他人の違いを知ることはなかなか難しいです。そして、その違いを理解することはもっと難しいです。でも、実はそうでもないのかも。この本では「違い」がとてもわかりやすく、ユーモアたっぷりなイラストとともに説明されています。みんなが「理解する」ことで、多様な人が暮らす日本、そして世界がより暮らしやすくなります。興味をもった人は、伊藤亜紗さんの『目の見えない人は世界をどう見ているのか』（光文社新書）で、さらにくわしく知りましょう。

# 『勉強できる子
卑屈化社会』

前川ヤスタカ

宝島社
2016年発行　246ページ
本体価格：1200円＋税
ISBN：978-4-8002-5943-1

371
マ

確かに「オレ勉強得意だしー」とは自慢しづらいですが、卑屈化は言い過ぎじゃない？　と思われるかもしれません。しかし、日本には、勉強できる子の心を折る社会的な構造があるのです。バッシングされることはなくても、まわりの視線や雰囲気が気になって「学校の勉強ができても社会に出たら意味ないし」とか、「成績がいいのと頭がいいのは違うし」とか言っちゃうことはありませんか。そんなあなたに、生きやすくなる方法を教えます。

# 『ヒマラヤに
学校をつくる
カネなしコネなしの僕と、
見捨てられた子どもたちの挑戦』

吉岡大祐

旬報社
2018年発行　217ページ
本体価格：1400円＋税
ISBN：978-4-8451-1554-9

372
ヨ

1976年生まれの著者は、鍼灸師の免許を得てネパールに渡り、貧しい人を相手に無料で治療を行います。そのうち、子どもの教育支援活動の必要性を感じ、小学校をつくるのです。子どもたちは貧しいだけでなく、社会に根強く残るカーストの中で、最下層にいる子もたくさんいます。そんな子どもが教育によって新しい「いのち」を吹き込まれていくようすは感動的です。「誰も取り残さない」活動を地道に行う一人の日本人を応援したい、と思わせる本です。

## 『部活やめても いいですか。』

梅津有希子（文）、片塩広子（絵）

講談社（講談社青い鳥文庫）
2018年発行　221ページ
本体価格：650円＋税
ISBN：978-4-06-512224-2

| 375 |
|-----|
| ウ |

著者の梅津有希子さんは、中学・高校時代を吹奏楽部の強豪校で過ごしました。その後、ライターとして高校野球の応援を取材する立場になり、部活に悩む中高生がたくさんいることに気付きます。吹奏楽部を中心に寄せられる「努力しても上達しない」「勉強の時間が取れない」「苦手な同級生がいる」などの相談に、梅津さんは一つひとつ答えていきます。この本の題名が気になった人は、ぜひ手に取ってみてください。心が楽になるかもしれません。

## 『点字はじめの一歩
①点字のれきし』

黒﨑惠津子（著）、朝倉めぐみ（絵）

汐文社
2018年発行　57ページ
本体価格：2800円＋税
ISBN：978-4-8113-2447-0

| 378 |
|-----|
| ク |
| 1 |

「点字」は、目が見えない人のためのものとか、見たことはあるよとか、それくらいの知識はみなさんにもあるでしょう。けれど、日常の点字の使われ方や、点字が必ずしも万能ではなく、まわりのサポートも必要なことなどを認識している人は少ないのではないでしょうか。「ユニバーサル」という考え方の中での点字、使う人の立場からの点字、そして歴史などの豆知識まで、「点字」についてぎゅっと凝縮されたわかりやすい絵本です。

## 1年1組、楽しそうだなあ！

# 『アイちゃんのいる 教室』

高倉正樹（ぶん・しゃしん）

偕成社
2013年発行　48ページ
本体価格：1200円＋税
ISBN：978-4-03-417120-2

378
タ

1年1組のアイちゃん。背の順だといちばん前。力も弱くて、みんなから遅れてしまうこともあるけれど、とってもがんばり屋さんです。口ぐせは「あしたもがんばっていいですか」。ダウン症のアイちゃんの普通学級での日常を、1年以上取材した写真絵本です。アイちゃんもまわりのみんなもいっしょに大きく成長していくのがよくわかります。本当にすてきなクラスです。続編として3年1組、6年1組もあり、併せて読むとさらにいろいろと考えさせられます。

## ふつうじゃなくても いいですか？

# 『発達障害に生まれて』

松永正訓

中央公論新社
2018年発行　254ページ
本体価格：1600円＋税
ISBN：978-4-12-005115-9

378
マ

幼児教育のプロとして活躍する母は、生後3カ月から息子に英才教育を始めました。しかし、2歳を過ぎたころ、自閉症と診断され、事実を受け入れられず苦しみます。この親子の子育ての話をまとめたのが、著者の松永正訓さんです。発達障害という言葉を耳にする機会が増えています。自閉症やアスペルガー症候群、学習障害などが代表的ですが、世間での認識は正しいものばかりではありません。発達障害とは何かを学ぶ入門書として、最適の一冊です。

## 『くらべる東西』
おかべたかし（文）、
山出高士（写真）

東京書籍
2016年発行 176ページ
本体価格：1300円＋税
ISBN：978-4-487-81033-8

| 382 |
|-----|
| オ |

"線香花火" は関東と関西で違うって知っていますか？ "コマ" も "タマゴサンド" も "狛犬のしっぽ" も、よく見ると違っています。この本を読むと、「どこが、何が、どうして違う？」を発見したくなります。同じシリーズの、世界の "ジャンケン" "あやとり" "クリームソーダ" を比べた『くらべる世界』、昭和と平成の "公園遊具" "プリン" "鉄腕アトム像" を比べた『くらべる時代』、"カニ缶" や "すき焼き" の値段を比べた『くらべる値段』もおすすめ！

## 『開幕！世界あたりまえ会議
私の「ふつう」は、誰かの「ありえない」』
斗鬼正一

ワニブックス
2019年発行 191ページ
本体価格：1100円＋税
ISBN：978-4-8470-9752-2

| 382 |
|-----|
| ト |

私たちの思う日本の「あたりまえじゃない、ありえないこと」が、世界のほかの国々では日常的でふつうのこと＝「あたりまえ」かもしれません。ポップなイラストで、いろいろな国の「あたりまえ」をたくさん紹介してくれる楽しい一冊。「長生きの人のお葬式は、にぎやかにお祝い!?」「体重や身長で電車や飛行機の運賃が決まる!?」。世界にはさまざまな文化をもつ人がいます。理解を深めて、常識に縛られない柔軟な感性を身につけましょう。

ニッポンの
「おいしい」を凝縮

## 『英国一家、
## 日本を食べる 上』
**マイケル・ブース**(著)、
**寺西のぶ子**(訳)

KADOKAWA(角川文庫)
2018年発行　236ページ
本体価格：800円＋税
ISBN：978-4-04-103888-8

| 383 |
|---|
| ブ |
| 1 |

日本食に畏敬の念を抱く英国人グルメライターによる「日本食のガイドブック」。読むと、日本食そのものについてだけでなく、有名無名を問わず料理を生業にする人びとの姿や、日本文化にまでくわしくなれるから不思議。なんでもない平凡な料理でもおいしそうに描写していて、読んでいてお腹が空くこと間違いなし。あらためて、食べることの幸福感や贅沢感、そして日本食のよさについて教えられる一冊です。文庫は上下巻になっています。

ステキな答えが
ここにあります

## 『サンタクロースって
## いるんでしょうか？
### 改装版』
**フランシス・P・チャーチ**(著)、
**中村妙子**(訳)、**東逸子**(絵)

偕成社
1986年発行　31ページ
本体価格：800円＋税
ISBN：978-4-03-421010-9

| 386 |
|---|
| チ |

ニューヨークに住む8歳の女の子は、友だちに「サンタクロースなんていないんだ」と言われます。女の子はパパにサンタはいるのと聞きますが、パパは「新聞社に聞いてごらん」と言って教えてくれません。そこで「サンタクロースっているんでしょうか？」と新聞社に手紙を送ったのです。答えは「サンタクロースはちゃんといます」でした。決してウソやごまかしではなく、愛にあふれた誠実な言葉で伝えています。あなたも読んで確かめてみませんか。

あなたは、
私のオレンジの片割れ

# 『誰も知らない世界の
ことわざ』

**エラ・フランシス・サンダース**(著)、
**前田まゆみ**(訳)

創元社
2016年発行　109ページ
本体価格：1600円＋税
ISBN：978-4-422-70105-9

388

サ

「猿も木から落ちる」は、日本の
ことわざですね。世界のいろいろ
な国にもことわざがたくさんあっ
て、それをすてきなイラストとと
もに紹介してくれる一冊です。
「あなたは、私のオレンジの片割
れ」はスペインのことわざで、
「あなたは、運命のパートナー！」
という情熱的な愛情表現に使うそ
うです。ことわざからは、その
国々の文化や風土を感じることが
できます。自分の好きなことわざ
を見つけてみてください。

# "4" で始まる本
# 自然科学

科学好きなあなたにおすすめなのは、"4"で始まる番号の本。ここには数学（算数）の本や理科の本（物理、化学、天文、地学、生物）と医療についての本があります。目に見えないほどの小さいウイルスから、ものすごく大きな宇宙まで、この世界をつくっているあらゆる知識が集まっているのがこの棚です。世の中の不思議を発見したら、この棚に行って本を探してみましょう。あなたの不思議に答えを出してくれるでしょう。

## "4"　自然科学【Natural Sciences】

| | | | |
|---|---|---|---|
| **400** | 自然科学 | **460** | 生物科学・一般生物学 |
| **410** | 数学 | **470** | 植物学 |
| **420** | 物理学 | **480** | 動物学 |
| **430** | 化学 | **490** | 医学 |
| **440** | 天文学・宇宙科学 | **499** | 薬学 |
| **450** | 地球科学・地学 | | |

リケジョもリケダンも
めざせ理系の星！

# 『世界を変えた50人の女性科学者たち』

**レイチェル・イグノトフスキー**（著）、**野中モモ**（訳）

創元社
2018年発行　128ページ
本体価格：1800円＋税
ISBN：978-4-422-40038-9

```
402
イ
```

大げさではなく、世界を変えた発見や発明をした女性科学者50人を、シンプルで楽しいイラストとともに紹介（しょうかい）しています。女子が学校に通うことすら難しかった時代、どんなにつらい境遇（きょうぐう）でも、自分の好きな道を信じ、突（つ）き進んだ彼女（かのじょ）たちの話は読んでいて胸がすかっとします。理系に進みたい女子も男子も、未来への夢（ゆめ）が大きく広がるでしょう。さまざまな分野の豆知識もたくさんあって、文系の人の世界もぐっと広がるはずです。

理科が苦手な人、必読！

# 『面白くて眠れなくなる理科』

**左巻健男**

PHP研究所（PHP文庫）
2016年発行　212ページ
本体価格：620円＋税
ISBN：978-4-569-76594-5

```
404
サ
```

理科全般（ぜんぱん）、生物（昆虫（こんちゅう）、植物、人のからだ）、物理（てこ、磁石）、化学（水、燃焼、水溶液（すいようえき））、地学（方位、月）など、身近な小学校の学習テーマを解説しているので、誰（だれ）にでもわかりやすく、おもしろく読むことができます。「なぜ」「どうして」と、素朴（そぼく）な疑問から理科の世界へ引き込（こ）まれます。気軽に読めて勉強になる理科の教科書です。「面白（おもしろ）くて……」シリーズは、ほかにも数学、化学、地学、生物学、遺伝子などがあります。ほかの本もぜひ！

## 『女子中学生の
## 小さな大発見』
清 邦彦

新潮社（新潮文庫）
2002年発行　184ページ
本体価格：430円＋税
ISBN：978-4-10-131731-1

404
セ

理科が得意になる第一歩、それは
身のまわりの"不思議"を見つけ
て「何でだろう？」と思うこと。
この本は、清邦彦先生が実際の授
業で女子中学生から集めた理科の
研究レポート集です。蚊にさされ
てから耐えられなくなるまで約7
分間観察を続けたり、プールの中
で息を吐き続けてみたり。犬の糞
を虫眼鏡で焼いてみるなんて笑え
る実験もあります。「別に結論が
出なくてもいい」という先生の方
針がとてもすてきです。

あの実験器具がかわいい
キャラクターに

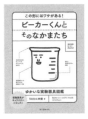

## 『ビーカーくんと
## そのなかまたち
**この形にはワケがある！**』
うえたに夫婦

誠文堂新光社
2016年発行　167ページ
本体価格：1500円＋税
ISBN：978-4-416-61651-2

407
ウ

たくさんの実験器具たちが、かわ
いいキャラクターとして登場する
図鑑です。「ビーカーくん」に
「ろうとちゃん」など小学校の理
科でおなじみの実験器具はもちろ
んのこと、研究所にあるようなマ
ニアックな機械まで出てきます。
器具の特徴や注意点は、「得意技」
や「キャラ特性」として紹介され
ていて、親しみがわきます。シリ
ーズ本で『ビーカーくんのゆかい
な化学実験』『ビーカーくんとす
ごい先輩たち』も出版されていま
す。

『理系アタマがぐんぐん育つ
**科学の実験大図鑑**』
ロバート・ウィンストン（著）、
西川由紀子（訳）

新星出版社
2017年発行　160ページ
本体価格：2400円＋税
ISBN：978-4-405-02250-8

407
ウ

家の中や庭でできる科学実験を紹
介しています。食べ物を使う、水
を使う、家にある文房具を使う、
使い終わったペットボトルや空き
箱を再利用するなど、準備もカン
タン。DNA模型、キラキラ万華
鏡、風船ロケットカー、きらめき
鍾乳石、風力キャッチャー、カラ
フル浄水器などがつくれちゃいま
す。夏休みの自由研究の強いミカ
タになります。実験する時は家の
人に立ち会ってもらい、ケガのな
いように行いましょう。

『**14歳のための
時間論**』
佐治晴夫

春秋社
2012年発行　256ページ
本体価格：1700円＋税
ISBN：978-4-393-36060-6

421
サ

私たちがいつも感じている“時
間”。その正体はいったいなんで
しょう。著者は七夜の物語として
やさしい言葉で私たちに語りかけ
ます。時間は心の作用なのか、い
つから始まったのか、絶対的な時
間は存在するのか。それらの問い
の先にはおのずと、私たち人間は
どのような存在で、さらには私と
は何者かという疑問が浮かび上が
ってきます。フーリエ解析、ｆ分
の１ゆらぎ、特殊相対性理論など、
さまざまな考え方についての知識
も得ることができます。

## 『こおり』

前野紀一（文）、斉藤俊行（絵）

福音館書店（たくさんのふしぎ傑作集）
2012年発行　39ページ
本体価格：1300円＋税
ISBN：978-4-8340-2716-7

451
マ

「こおりの中の白いぷつぷつはなに？」「色つきのこおりはできる？」と不思議に思ったことはありませんか。これらの質問に答えながら、こおりの性質をときあかしていきます。すると、目に見えない小さな水の分子から、1000年かけて地球の海をめぐる水の流れまで、話はダイナミックに広がります。簡単な言葉でていねいに説明してくれるから、とってもわかりやすい。透明感のある美しいイラストもすてきな絵本です。

## 『みずとはなんじゃ？』

かこさとし（作）、
鈴木まもる（絵）

小峰書店
2018年発行　31ページ
本体価格：1500円＋税
ISBN：978-4-338-08161-0

452
カ

みなさんのまわりにはたくさんの水があります。飲んだり、顔を洗ったりと、すぐに思い出せるような、目に見える水のほかにも、実は姿をかえていろいろなところに水があるのです。そして、人や生きものが生きていくために、とても大切な働きをしています。この本を読むと、そんな水の世界の広さを知ることができます。子どもから大人まで、いろいろな発見をしながら、楽しんで読むことができる絵本です。

## 『地層のきほん』
目代邦康、笹岡美穂

誠文堂新光社
2018年発行　144ページ
本体価格：1600円＋税
ISBN：978-4-416-61815-8

456
モ

大地の成り立ちを知る手がかりは地層にあります。地層とはなんなのでしょうか。層をなしていることにどのような意味があるのでしょうか。なぜ、曲がっている地層があるのでしょうか？　この本はそんな地層のあれこれについて、ひとつのテーマごとに見開き２ページで、イラストを使用してわかりやすく解説しています。地層を読むことができれば、大地の歴史の一端（いったん）にふれることができます。それって、すてきなことだと思いませんか？

## 『リアルサイズ古生物図鑑　古生物のサイズが実感できる！　古生代編』
土屋　健（著）、
群馬県立自然史博物館（監修）

技術評論社
2018年発行　207ページ
本体価格：3200円＋税
ISBN：978-4-7741-9913-9

457
ツ

古生物学者たちは、絶滅（ぜつめつ）してしまった生物が生きていた時の想像図を描（えが）き出し、「こんな生物がいたんだ」と私たちに教えてくれます。でも、それらの古生物がどのくらいの大きさなのかは、なかなかわかりません。この本は、「もし古生物たちが現代にいたら」どうなるのかという想像図を載（の）せていて、「リアルなサイズ」を体験できます。ある生物は猫（ねこ）が見つめる金魚（きんぎょ）鉢（ばち）の中にいたり、ある生物は海辺のサーフボードのとなりに干されていたり……。

『 深読み！絵本
「せいめいのれきし」』
真鍋 真

岩波書店（岩波科学ライブラリー）
2017年発行　114ページ
本体価格：1500円＋税
ISBN：978-4-00-029660-1

457
マ

もとの絵本『せいめいのれきし』
には、地球上に生命が生まれた時
から現在まで、それぞれの時代に
現れた生物たちと地球の姿が、ド
ラマチックにいきいきと描かれて
います。この本では、絵本の見ど
ころをもっと深く掘り下げて、新
しい研究の成果も加えながらわか
りやすく解説しています。図版や
カラー写真も多く、興味が湧くと
思います。きっと、私たち人類の
ルーツを知り、今後のゆくえを想
像する楽しい時間となるでしょ
う！

『 寿命図鑑　生き物から宇宙ま
で万物の寿命をあつめた図鑑 』
やまぐちかおり（絵）、
いろは出版（編著）

いろは出版
2016年発行　111ページ
本体価格：2700円＋税
ISBN：978-4-86607-010-0

461
ヤ

動物・植物・モノ・人間・建物・
天体……。みんな、いつかは終わ
りがくる。そんなあらゆるものの
平均寿命を集めた、図鑑絵本です。
しぶといイメージが強いゴキブリ
はわずか4.5カ月、じょうぶそう
なイタチがたった１年のはかなさ
とは！　一方、海ではマグロが15
年、イセエビ30年と意外に長生
き。今や長寿世界一日本人だって、
縄文時代では15歳！　こんなに短
いのか、結構長いのだな、なんて
パラパラページをめくりながら、
命について思いをはせてください。

## 『ゴリラからの警告
「人間社会、
ここがおかしい」』

山極寿一

毎日新聞出版
2018年発行　206ページ
本体価格：1400円＋税
ISBN：978-4-620-32518-7

469
ヤ

霊長類学者であり、京都大学総長
も務める著者は、長い間ゴリラの
群の中に入り、その生態を研究し
続けてきました。威風堂々とした
ゴリラに魅了された著者から見れ
ば、人間社会はおかしなことばか
り。言語をもち、高い文明をもっ
たはずの人間社会が危機にあると
したら、今一度、言葉以前の暮ら
しに立ち返り、人間の祖先が五感
を用いてどんなコミュニケーショ
ンを駆使していたか思い起こし、
真の幸福とは何かを考えてほしい
と、著者は訴えます。

## 『珍菌
まかふしぎなきのこたち』

堀 博美(文)、城戸みゆき(絵)

光文社
2016年発行　157ページ
本体価格：1400円＋税
ISBN：978-4-334-97901-0

474
ホ

菌といっても病原菌や細菌のこと
ではありません。きのこの本です。
写真入りのきのこの図鑑はたくさ
んありますが、この本は見開きで
一つのきのこをイラストとおもし
ろいエピソードで紹介しています。
血を流すきのこ、強烈な匂いのき
のこ、思わず笑ってしまう見た目
のきのこ、虫から生える不思議な
きのこ、猛毒の危険なきのこなど、
さまざまな個性をもつおもしろい
きのこがたくさんです。読み物と
しても楽しめますよ。

知っていますか？
身近にいる生きものを

悩みごとは動物に
相談してみよう

## 『家の中のすごい
生きもの図鑑』

久留飛克明（文）、
村林タカノブ（絵）

## 『いきもの人生相談室
動物たちに学ぶ47の生き方哲学』

小林百合子（文）、今泉忠明（監修）、
小幡彩貴（絵）

山と溪谷社
2018年発行　174ページ
本体価格：1000円＋税
ISBN：978-4-635-06288-6

| 480 |
| --- |
| ク |

身近にいてあまり知られていない
生きものたちの暮らしぶりを関西
弁でとっても楽しく語っています。
お米が大好きな「コクゾウムシ」
という虫は、最近、お米のない家
が増えているため「小麦粉やパス
タも食うで」と、言っています。
知らない生きものといっしょに生
活していることは不安ですが、そ
んな生きものたちの話を聞いて、
ともに暮らすことのヒントにして
みてはいかがでしょう。身近な生
きものに目を向けるのも楽しいこ
とです。

山と溪谷社
2018年発行　142ページ
本体価格：1200円＋税
ISBN：978-4-635-55017-8

| 480 |
| --- |
| コ |

生きているといろいろな問題が起
こります。そんな時には、一人で
悩んでいないで誰かに相談してみ
ましょう。この本では、そんな悩
みにさまざまな動物たちが答えて
くれます。「勉強も運動もいつも
中の下。劣等生の自分が嫌いで
す」という16歳女子の悩みに答
えてくれるのはニシツノメドリ。
どんな回答なのかは本を読んでみ
てください。個性あふれる動物た
ちの回答を読むと、なんだか悩み
が小さく感じられて、気持ちが軽
くなってきます。

あの動物を飼えるかも……

## 『ふつうじゃない
## 生きものの飼いかた
その道のプロに聞く 』
松橋利光

大和書房
2016年発行　119ページ
本体価格：1500円＋税
ISBN：978-4-479-39292-7

480
マ

動物を飼育するのって難しいですよね。世話をし過ぎてもダメだし、世話を忘れてもダメ。どうやったらうまく飼えるのかな、という疑問をもっている人におすすめなのがこの本。身近なメダカやカタツムリから、サソリやカメレオンまで、飼育のプロが上手な飼いかたを写真つきで教えてくれます。この本を読んで飼ってみたくなった動物がいます。それはウズラ。スーパーマーケットで売っているウズラの卵から育てることができるそうです。

深い海にすむ
生きものたちの世界

## 『深海生物大事典』
佐藤孝子

成美堂出版
2015年発行　279ページ
本体価格：1500円＋税
ISBN：978-4-415-31873-8

481
サ

事典とありますが、読み物としてとても楽しめます。深海にすむさまざまな生きものを写真やイラストと解説で紹介しています。表紙のイカのように美しい発光生物から、5年間何も食べずに生き続けた例があるダイオウグソクムシ、100℃の高温でも死なないマリアナイトエラゴカイ、その名もロマンチックなリュウグウノツカイなどなど、巨大なダイオウイカから小さな細菌まで、多様な深海生物を知ることができます。オールカラーの美しい本です。

## 『かわ』
**鈴木のりたけ**

## 『生きものたちの
つくる巣109』
**鈴木まもる**（文・絵）

幻冬舎
2010年発行　31ページ
本体価格：1300円＋税
ISBN：978-4-344-01867-9

| 481 |
|-----|
| ス |

かわの中はどのようになっている
のか知っていますか？　かわの生
きもの図鑑を見れば、それぞれの
ことはわかりますが、かわの中の
ようすまではわかりにくいです。
この本は、かわの生きもの145種
がどこで生息しているか、かわの
源流から河口まで、各場所別にく
わしく描かれていて、かわの中を
旅しているようです。また、イワ
ナの胃袋の中がリアルに描かれ、
かわの豊かさを感じられます。い
つまでもこのかわが残っているこ
とを願いつつ読んでほしいです。

エクスナレッジ
2015年発行　159ページ
本体価格：2200円＋税
ISBN：978-4-7678-2036-1

| 481 |
|-----|
| ス |

数百羽の鳥が住む集合住宅、エサ
でできた家、空調のきいた家……
生きものは、自然の恵みを最大限
に利用して、さまざまな巣をつく
ります。アメリカアリゲーターと
いう大型ワニは、土や枯れ草を集
めて塚のような巣をつくり、じっ
と卵を温めているそうです。そん
な子育てのようすは、コワい見た
目からは想像がつきません。巣を
見ることで、生きものたちの驚く
ような知恵や技を知り、意外な一
面をのぞくことができます。

## 『こんなところにいたの？ じっくり探すと見えてくる動物たちのカモフラージュ』

**林 良博**（監修）、
**ネイチャー＆サイエンス**（編）

誠文堂新光社
2016年発行　95ページ
本体価格：900円＋税
ISBN：978-4-416-61669-7

| 481 |
| --- |
| ネ |

草に、葉に、枝に、木に、石に、岩に、「擬態」。自然の風景に溶け込みながら息をひそめる動物たち。目をこらして探してみると、「あっ！　いた、いた！　こんなところにいたの！」と、思わず叫んでしまいます。動物たちのかくれんぼ、そのスゴ技には感心します。自分の身を守るために、狩りを成功させるために、相手をだます「カモフラージュ作戦」の数々を紹介した写真集です。あなたは動物たちをすぐに見つけられるかな？

## 『動物たちのしあわせの瞬間　BORN TO BE HAPPY』

**福田幸広**（写真・文）

日経ナショナルジオグラフィック社
2016年発行　1冊
本体価格：3200円＋税
ISBN：978-4-86313-346-4

| 481 |
| --- |
| フ |

「しあわせ動物写真家」福田幸広さんの野生動物写真集です。野生動物は、食うか食われるか、生き延びるのも大変な大自然の中で生きています。そんな厳しい世界でも、おいしい食べ物にありついたり、恋をしたり、親子のひと時を過ごしたりと、動物たちが幸せを感じているだろうという瞬間も訪れます。福田さんは長い時間をかけてその一瞬を待ち、写真におさめました。コメントも愛情にあふれていて、ページをめくると幸せな気持ちに包まれます。

郵 便 は が き

113-8790

料金受取人払郵便

本郷局承認

4019

差出有効期間
2022年2月28日
まで

（受取人）
東京都文京区本郷 1・28・36

株式会社　ぺりかん社

一般書編集部行

||।|・||・||・||・||・||।||・・||・|・|・|・|・|・|・|・|・|・|・|・|・|・||

| 購 入 申 込 書 | ※当社刊行物のご注文にご利用ください。 | |
|---|---|---|
| 書名 | 定価[　　　円+税]<br>部数[　　　部] | |
| 書名 | 定価[　　　円+税]<br>部数[　　　部] | |
| 書名 | 定価[　　　円+税]<br>部数[　　　部] | |
| 購入方法を<br>お選び下さい<br>（□にチェック） | □直接購入（代金引き換えとなります。送料<br>＋代引手数料で900円+税が別途かかります）<br>□書店経由（本状を書店にお渡し下さるか、<br>下欄に書店ご指定の上、ご投函下さい） | 番線印（書店使用欄） |
| 書店名 | | |
| 書　店<br>所在地 | | |

書店様へ：本状でお申込みがございましたら、番線印を押印の上ご投函下さい。

書名 No._____

## ●この本を何でお知りになりましたか?
□書店で見て　　□図書館で見て　　□先生に勧められて
□DMで　　□インターネットで
□その他 [　　　　　　　　　　　　　　　　　　　　]

## ●この本へのご感想をお聞かせください
・内容のわかりやすさは?　　□難しい　　□ちょうどよい　　□やさしい
・文章・漢字の量は?　　□多い　　□普通　　□少ない
・文字の大きさは?　　□大きい　　□ちょうどよい　　□小さい
・カバーデザインやページレイアウトは?　　□好き　　□普通　　□嫌い
・この本でよかった項目 [　　　　　　　　　　　　　　　　　　　　]
・この本で悪かった項目 [　　　　　　　　　　　　　　　　　　　　]

## ●興味のある分野を教えてください(あてはまる項目に○。複数回答可)。
また、シリーズに入れてほしい職業は?

医療　福祉　教育　子ども　動植物　機械・電気・化学　乗り物　宇宙　建築　環境
食　旅行　Web・ゲーム・アニメ　美容　スポーツ　ファッション・アート　マスコミ
音楽　ビジネス・経営　語学　公務員　政治・法律　その他
シリーズに入れてほしい職業 [　　　　　　　　　　　　　　　　　　　　]

## ●進路を考えるときに知りたいことはどんなことですか?
[
　
]

## ●今後、どのようなテーマ・内容の本が読みたいですか?
[
　
]

| お名前 | ふりがな | | ご学校・職業名 | |
|---|---|---|---|---|
| | | [　　歳] [男・女] | | |
| ご住所 | 〒[　　　-　　　] | TEL.[　　-　　-　　] | | |
| お買上店名 | | 市・区 町・村 | | 書店 |

ご協力ありがとうございました。詳しくお書きいただいた方には抽選で粗品を進呈いたします。

## 楽しく読めるのに悲しいのはなぜ

『わけあって絶滅しました。 世界一おもしろい絶滅したいきもの図鑑』

丸山貴史(著)、今泉忠明(監修)、サトウマサノリ(絵)、ウエタケヨーコ(絵)

ダイヤモンド社
2018年発行　175ページ
本体価格：1000円＋税
ISBN：978-4-478-10420-0

| 482 |
| --- |
| マ |

絶滅とは「ひとつの種のいきものが、地球上から一匹残らず消えること」と、説明されています。そして絶滅したいきものたちのほろびた理由は、それぞれ違います。のろま過ぎて絶滅、イカ不足で絶滅、角に栄養をとられて絶滅、ハリケーンに飛ばされて絶滅、大食いで絶滅、ちゃんと飛べないで絶滅など。どんないきものなのか興味が湧いてくるでしょう。そして絶滅には、自然絶滅以外に人間が、そのきっかけをつくっていることに心がチクリとします。続編もあります。

## こんな奇妙な生物がいるとは……

『クマムシ博士のクマムシへんてこ最強伝説』

堀川大樹

日経ナショナルジオグラフィック社
2017年発行　191ページ
本体価格：1400円＋税
ISBN：978-4-86313-380-8

| 483 |
| --- |
| ホ |

乾燥や低温などの過酷な環境に強く、真空でも生き延びる「最強の生物」と名高いクマムシ。そんなクマムシを世に広めたクマムシ博士こと堀川大樹さんが書かれた本です。決して愛嬌があるとはいえないクマムシの生態を、愛情たっぷりに紹介しています。また、「オレが発見した生物こそ最強！」と『微生物ハンター、深海を行く』（79ページ）で主張する高井研氏に、ユーモアをこめて反論しているのも楽しく読めます。

## マグロの生態は謎だらけ

## 『びっくり！
## マグロ大百科』
**葛西臨海水族園
クロマグロ飼育チーム**

講談社（世の中への扉）
2016年発行　171ページ
本体価格：1200円＋税
ISBN：978-4-06-287017-7

487
カ

マグロの群泳が見られることで人気の葛西臨海水族園。この水族館は、「海に行ってもなかなか見ることができないマグロを実際に見てもらいたい」と考えてつくられたそうです。しかし、マグロの生態はわからないことだらけで、飼育するのはチャレンジだったといいます。そんなマグロの飼育のプロたちが、マグロの生態についてわかりやすく解説してくれているのがこの本です。「飼育員になりたい！」と考える人にもおすすめの一冊です。

## 物事を突き詰めると
## こうなります

## 『鳥類学者だからって、
## 鳥が好きだと思うなよ。』
**川上和人**

新潮社
2017年発行　221ページ
本体価格：1400円＋税
ISBN：978-4-10-350911-0

488
カ

「鳥類学者」と聞くと、多数の標本に向かって静かに学術的考察にいそしむ……なんてようすを思い浮かべるかもしれません（私はそうでした）。しかし、この著者は違います。鳥のためには、とんでもない秘境にまで足を延ばします。軽妙な語り口のため、ついつい忘れがちですが、この行動は「調査」というより「冒険」レベル！鳥のためならここまでする著者は、（タイトルはアレですが）本当に鳥が好きなんだろうなぁ。

『トリノトリビア 鳥類学
者がこっそり教える野鳥のひみつ』
川上和人（著・監修）、
マツダユカ（マンガ）、
三上かつら（著）、川嶋隆義（著）

西東社
2018年発行　191ページ
本体価格：1200円＋税
ISBN：978-4-7916-2783-7

| 488 |
|-----|
| カ |

実生活ではなんの役にも立たない
けれど、知っているとついつい誰
かに話したくなる知識。それがト
リビア。ハトはなぜ首を振って歩
くのか？　カラスが体をきれいに
する方法とは？　スズメがちゅん
ちゅん鳴く理由は？　ハトが窓ガ
ラスにぶつかると……など身近な
トリたちのトリビアがいっぱい。
かわいい４コママンガと思わずへ
ぇ～とつぶやいてしまうわかりや
すい解説で、かわいらしいトリた
ちのおもしろい生態が丸わかりで
す。

『人生を変えてくれた
ペンギン
海辺で君を見つけた日』
トム・ミッチェル（著）、
矢沢聖子（訳）

ハーパーコリンズ・ジャパン（ハーパ
ー Books）
2019年発行　277ページ
本体価格：694円＋税
ISBN：978-4-596-54114-7

| 488 |
|-----|
| ミ |

重油まみれで瀕死の状態だった１
羽のペンギン。そして、英国を飛
び出し、冒険をしようとアルゼン
チンにやってきた若い教師トム。
彼らの出合いはまったくの偶然で
した。ペンギンはトムに助けられ、
フアン・サルバドールと名づけら
れて、やがてトムの働く学校で暮
らすようになります。フアン・サ
ルバドールがトムや生徒の最高の
親友となり、彼らを癒していくよ
うすが、晩年のトムの回顧録とし
て書かれています。すべて実話で
す。

やっぱり、ペンギンって
おもしろい！

『それでもがんばる！
どんまいなペンギン図鑑』
渡辺佑基（監修）

宝島社
2018年発行　125ページ
本体価格：900円＋税
ISBN：978-4-8002-8214-9

488
ワ

ペンギンは長い進化の過程で、せっかく手に入れた飛ぶ技術を手放してしまった「どんまい（いい線いっているのにどこか惜しい）」な鳥です。陸の上ではヨチヨチ歩き、氷の上ならおなかで滑ったほうが早い。でもひとたび海に入れば、水の中をスイスイ「飛んで」いる！　そのギャップがまたペンギンの大きな魅力。最新の学説に基づき、ペンギンたちのユーモラスでちょっと「どんまい」な生態が、かわいいイラストとともに紹介されています。

パンダを学ぶと
世界が広がる！

『教科で学ぶパンダ学
歴史・地理・政治・経済・生物・自然・環境・雑学』
稲葉茂勝（著）、小宮輝之（監修）

今人舎
2017年発行　55ページ
本体価格：1800円＋税
ISBN：978-4-905530-70-1

489
イ

上野動物園で再びパンダにあえるようになりましたね！　もうあいに行ったよ♪　という人も多いのでは。この本はパンダの発見から生息地などの「歴史・地理」、パンダ外交・パンダレンタルなどの「政治・経済」、飼育環境や保護活動などの「自然・環境」まで、パンダに関するあれこれをさまざまな分野から学ぶことができる、今までにない一冊です。これを読んでから動物園に行くと、また違った見方ができるかも？　かわいい写真もいっぱいです。

# 『QOLって何だろう
## 医療とケアの生命倫理』
## 小林亜津子

筑摩書房（ちくまプリマー新書）
2018年発行　190ページ
本体価格：780円＋税
ISBN：978-4-480-68996-2

490
コ

QOLとは、Quality of Life の略語です。医療の進歩により、長生きができるようになった現代。この本では、主に高齢者の死をいくつか例にあげながら、「よりよく生きて、よりよく死ぬ」とはどういうことか、生命倫理学の立場から解説しています。あたりまえのことですが、何が幸せかは人によって違います。死を間近にした人が「よりよく生きて、よりよく死ぬ」ために、周囲の人間は何をすべきなのか、考えさせられる一冊です。

# 『人とどうぶつの
# 血液型』
## 近江俊徳

緑書房
2018年発行　151ページ
本体価格：1800円＋税
ISBN：978-4-89531-347-6

491
オ

血液の研究が始まったころのことや、人間の治療に使われたのがそれほど昔ではなかったこと、種類・疑問、犬や猫の輸血のことなど、とても興味深く、楽しみながら知ることができます。4章に分かれていて理解しやすく、フリガナつきなので読みやすいです。ただし、内容でときどき考えさせられます（難しくはありません）。生きものの体の不思議さ、血液が生きものにとって大切だということをあらためて考えるきっかけになります。

## からだ探偵、体の中で起こる事件を解決

## 『からだ事件簿
### 楽しくわかる！ 体のしくみ』
坂井建雄（監修）、
澤田 憲（文）、德永明子（イラスト）

ダイヤモンド社
2017年発行　158ページ
本体価格：1100円＋税
ISBN：978-4-478-10180-3

| 491 |
|:---:|
| サ |

依頼者から調査依頼を受け、体の中を調査して事件の原因を発見、調査結果を報告してくれます。お腹がグーグー鳴りまくる事件、のびない身長事件、朝のねむさがつらすぎる事件など、日頃から疑問に思っている体の不思議をわかりやすくマンガで解説してくれます。からだ探偵と助手くん、事件に登場するマダム胃液や大腸清掃員、筋肉メンズなどユニークなキャラクターにもひかれます。さぁ、からだ探偵に事件を依頼しましょう！

## 難病と闘う子どもたちへの贈りもの

## 『犬が来る病院　命に向き合う子どもたちが教えてくれたこと』
大塚敦子

KADOKAWA（角川文庫）
2019年発行　202ページ
本体価格：600円＋税
ISBN：978-4-04-107749-8

| 493 |
|:---:|
| オ |

著者は、以前から「死と向き合う人々」をテーマに取材を重ねてきました。今回は、聖路加国際病院が舞台です。セラピー犬のみならず、医師や看護師、保育士、臨床心理士など、多くの人びとによるトータルケアの試みをていねいに取材しています。病と闘う子どもたちに親身に寄り添うスタッフの姿に、背筋が伸びる思いです。また、健康な子どもたちの何倍もの試練に立ち向かい、大人でもつらい治療に耐えている小児病棟の子どもたちの姿にも感銘を受けます。

どうすれば、できるだろう

『うちの火星人
5人全員発達障がいの家族を
守るための"取扱説明書"』
平岡禎之

光文社
2014年発行　191ページ
本体価格：1500円＋税
ISBN：978-4-334-97778-8

493
ヒ

家族たちは発達障がいがあり、自分たちを「火星人」と言うようになってしまいます。この本では、「地球人」で家族の父・夫である著者が、「火星人」たちを順番に紹介していきます。それぞれの特性をおたがいに理解し、ともに考え、時にはゆずりあいながら生活を送っています。「気をつけよう」ではなく、「どうすれば、できるだろう」という前向きな魔法の言葉でいっしょに考えていくことが、誰にとっても必要なのだと感じられるでしょう。

何をいつ、どう、
誰が教えるか

『母と娘のホルモン
Lesson』
吉野一枝

メディカルトリビューン
2014年発行　147ページ
本体価格：1300円＋税
ISBN：978-4-89589-436-4

495
ヨ

作者は産婦人科医で、臨床心理士でもあります。女性ならではの性の悩みや健康を知るならこの一冊です。「いくつになっても自分で知ろう、守ろう、女性の体」が合言葉。今はインターネットでいくらでも情報は入手できますが、正しいものばかりとは限りません。日本は先進国といわれますが「女性の健康」という点ではまったく先進国ではありません。緊急避妊薬もなかなか一般には承認されないこの国で、どう健康を守るか。親子でともに読みたい本です。

現役看護師さんの
イラストエッセイ

# 『病院という ヘンテコな場所が 教えてくれたコト。』
## 仲本りさ

いろは出版
2018年発行　256ページ
本体価格：1200円＋税
ISBN：978-4-86607-055-1

498

ナ

現役看護師の仲本りささんが、新人時代のエピソードや看護師としての思いを、自身が描くイラストとすなおな言葉でつづった本です。病気やケガの患者が過ごす病院では、つらく悲しいできごとも起こります。仲本さんは何もできない自身の無力さに涙し、それでも患者とその家族の幸せのため、今できる一つひとつのことにていねいに向き合おうとします。看護師に関心がある人はもちろん、働くことを考え始めたすべての人の心に勇気の灯をともしてくれる本です。

# "5" で始まる本
# 技術・工学

工場でつくり出された「モノ」が、私たちの便利な生活を支えてくれています。そんな「モノ」とそのつくられ方について知りたかったら、"5"で始まる番号の本を開いてみましょう。建物のことや船のこと、コンピュータのことや電気のことなど、生活を支えているさまざまな「モノ」のことをくわしく知ることができます。また、図工や家庭科が好きな人もこの分類に注目。料理のレシピや工作の方法など、生活に役立つ知識を得ることができるでしょう。

## "5" 技術・工学【Technology, Engineering】

プラスチックによる
海洋汚染を考えよう

# 『クジラのおなかから
プラスチック』
保坂直紀

旬報社
2018年発行　162ページ
本体価格：1400円＋税
ISBN：978-4-8451-1566-2

519
ホ

私たちの生活を便利にするプラスチック。ビニール袋や歯磨き粉の研磨剤（けんまざい）など、さまざまな用途（ようと）で利用されています。これがごみになり、海に捨てられることで、海に生きる生物たちの命を奪（うば）っています。人工的につくり出されたものだから、自然分解されにくく、海に溜（た）まり続けるプラスチックごみ。その現状や対策、その対策にも問題点があることなど、わかりやすく書かれています。どのようにしてこの問題とかかわっていけばよいのか考えてみましょう。

行きたくなる「学校」

# 『日本一小さな農業
高校の学校づくり
愛農高校、校舎たてかえ顛末記』
品田　茂

岩波書店（岩波ジュニア新書）
2017年発行　218ページ
本体価格：880円＋税
ISBN：978-4-00-500851-3

526
シ

愛農（あいのう）高校は一学年20人の日本一小さい私立の農業高校で、三重県（みえ）に実在します。敷地（しきち）には、畑や果樹園、放牧地などがあり、全寮制（ぜんりょうせい）の仲間づくりを大切にする学校です。牛・豚（ぶた）・鶏（にわとり）を世話し、解体し、育てた豚（ぶた）の肉（りょう）が寮の夕食に出ます。「自分たちがつくった食材を自分たちで調理して、みんなで分かちあって食べる」。この本では、校舎建てかえの顛末（てんまつ）が紹介（しょうかい）されていますが、そのこと自体が持続可能な農業を学び、命を感じる教育そのものです。

## 『何度でも行きたい
## 世界のトイレ』
**ロンリー・プラネット**(編)、
**中島由華**(訳)

河出書房新社
2016年発行　127ページ
本体価格：1400円＋税
ISBN：978-4-309-27719-6

| 528 |
| --- |
| ロ |

これなしには生きていけないし、一日に何度も利用しているのに、あまり話題にならないトイレが主役の写真集です。オブジェのような外観のトイレ、大自然の中の屋外トイレ、トイレから眺める絶景などが楽しめます。宇宙空間で使うためのトイレや、古代のトイレ遺跡なども出ています。残念ながらくわしい行き方は載っていませんが、写真の上に北緯と東経が書かれているので、これを手がかりに行ってみることができるかもしれません。

## 『こども実験教室　宇宙を
## 飛ぶスゴイ技術！
**理系アタマを育てる**』
**川口淳一郎**

ビジネス社
2018年発行　87ページ
本体価格：1600円＋税
ISBN：978-4-8284-2046-2

| 538 |
| --- |
| カ |

はやぶさがイトカワを、はやぶさ2がリュウグウを探査したニュースは、日本の宇宙探査の技術力を世界に広めました。この本では、はやぶさの生みの親・JAXAの川口淳一郎博士が、実際の宇宙探査で使われている技術を紹介。身のまわりにある現象で説明してくれます。イオンエンジンの仕組み、人工クレーターをつくる方法、宇宙船内の熱を外に出す方法など、手に入れやすい材料でできるおもしろい実験がいっぱい。遠い宇宙で活躍する技術を体感してみましょう！

太陽系をめぐる最高の旅を
ご案内します

『太陽系観光旅行読本
おすすめスポット&知っておきたい
サイエンス』
オリヴィア・コスキー、
ジェイナ・グルセヴィッチ(著)、
露久保由美子(訳)

原書房
2018年発行　281ページ
本体価格：1800円＋税
ISBN：978-4-562-05481-7

| 538 |
| --- |
| コ |

もし太陽系惑星への旅行が実現し
たら、こんな楽しみ方ができます
よ！　という本気の旅行ガイドで
す。地球よりも重力が小さい火星
でジャグリングをしたり、土星の
環からとった氷でドリンクを冷や
したりと、いろいろな提案がされ
ています。宇宙旅行を存分に楽し
んだ後は、青い地球に帰ります。
なつかしい重力を感じ、自然の豊
かさに感動するでしょう。ただ、
旅行に何十年も費やしてしまった
ために、浦島太郎状態になるかも
しれませんが。

船を知ると人類もわかる

『人類の歴史を作った
船の本　乗りもの歴史図鑑』
ヒサクニヒコ(絵・文)

子どもの未来社
2016年発行　56ページ
本体価格：2800円＋税
ISBN：978-4-86412-105-7

| 550 |
| --- |
| ヒ |

船は好きですか？　人類は何万年
も前から、船を使って広い海へと
出ていました。日本にもともとい
なかった牛や馬も、船に乗って大
陸からやってきたのです。そして、
船の進化によって、人間は海の資
源も手に入れてきました。新大陸
の発見や文化の交流など、人類の
発展にも大きな影響を与えてきた
船ですが、侵略や戦争に利用され
てきた歴史もあります。初期の船
は材料もさまざま！　眺めている
だけでも楽しい一冊です。

## 人の幸せってなんだろう？

『虹色のチョーク
働く幸せを実現した町工場の奇跡』
小松成美

幻冬舎
2017年発行　221ページ
本体価格：1300円＋税
ISBN：978-4-344-97904-8

| 589 |
| --- |
| コ |

従業員の７割が知的障がい者である日本理化学工業。学校で使用されるチョークを主に製造する会社です。大山泰弘元会長は、障がい者に寄り添って生きる「共生社会」ではなく、「皆働社会」を経営理念のひとつとしました。息子で社長の隆久さんが経営に苦しんだ時、ある住職から「人は褒められ、人の役に立ち、人に必要とされる」ことで幸せや喜びを実感し、そしてそれは「働くことで得られるもの」と諭されます。従業員とともにある姿勢が、会社の大きな礎となっています。

## 服から世界と環境を考えよう

『990円のジーンズが
つくられるのはなぜ？
ファストファッションの工場で起こっていること』
長田華子

合同出版
2016年発行　157ページ
本体価格：1400円＋税
ISBN：978-4-7726-1268-5

| 589 |
| --- |
| ナ |

みなさんが着ている服がどこでつくられているか知っていますか？お店に行くとたくさんの服が安く売られています。きれいな服が安く買えるなんて幸せ、もっと安くなればいいのにと思っていませんか。でも、安く買えるのにはわけがあります。その服をつくっている人たちは、貧しい環境で、長い時間働いているのです。この本を読むと、服を安く買えることがいいことなのか疑問に思うことでしょう。服から世界について考えてみてください。

『**正しい目玉焼きの
作り方** きちんとした大人にな
るための家庭科の教科書』
**森下えみこ**（イラスト）

河出書房新社（14歳の世渡り術）
2016年発行　213ページ
本体価格：1300円＋税
ISBN：978-4-309-61705-3

| 590 |
|-----|
| モ |

洗濯、料理、掃除、裁縫。一人で
生活していくためには大切なこと
です。「テキトーにやれば、何と
かなるって」と思っている人はぜ
ひ手に取ってください。登場する
のは、姉と弟の二人暮らしの家。
ある日のこと、二人が別々に目玉
焼きをつくったところ、弟の目玉
焼きのほうがおいしそうに見えた
のはなぜ？　というところから始
まります。「失敗しないためには、
まずは基本を知ることが大事」。
これは何をするにも当てはまる言
葉です。

『**歴メシ！** 世界の歴史料理を
おいしく食べる』
**遠藤雅司**

柏書房
2017年発行　169ページ
本体価格：1700円＋税
ISBN：978-4-7601-4878-3

| 596 |
|-----|
| エ |

メソポタミア文明の古代小麦シチ
ュー、スパルタのブラックスープ、
ローマ帝国のチキンサラダ、ルネ
サンス期イタリアのイチジク炒め、
マリー・アントワネットのメーン
ディッシュ……。一度は聞いたこ
とがある歴史上の人物たちが食べ
ていたんじゃないか？　と考えら
れている料理を、現代に生きる私
たちでもおいしく食べられるレシ
ピにして紹介した一冊。つくって
食べることで、教科書に書いてあ
るそれぞれの時代が実感できるは
ずです。ぜひご賞味あれ!!

グミ、ガム、
サイダー、納豆？

## 『ひらめき！
## 食べもの加工
**おもしろ実験アイデアブック』**
岡本靖史

農山漁村文化協会
2015年発行　79ページ
本体価格：1400円＋税
ISBN：978-4-540-14177-5

596
オ

いつもは買って食べている加工食品をつくってみましょう。グミやガム、かまぼこ、チーズなどのつくり方が紹介（しょうかい）されています。ちょっと冒険した、みそ味やビール味のグミも意外においしいらしいです。納豆はもちろん稲（いね）ワラからつくりますが、ワラ以外の枯れ草（かれくさ）（笹（ささ）とかススキとか）でもつくれます。はたしてお味は……？　どれも簡単につくれそうなものばかりで、写真もいっぱい。とてもわかりやすく、つくってみたくなりますよ。

ためしてなるほど！
食べておいしい！

## 『キッチンで
## おやつマジック大百科
**実験しながら、おやつが作れる！』**
村上祥子（料理製作・監修）

学研（Gakken）
2015年発行　287ページ
本体価格：1980円＋税
ISBN：978-4-05-204233-1

596
ム

料理をつくる時には、さまざまな食品の性質や科学の力が使われています。その力を家にある身近な食品で実際に確かめてみませんか。さとう・たまご・牛乳・小麦粉・フルーツなどの材料別に、ためしてみたくなる実験がい〜っぱい！クイズ形式で楽しく学べて、自由研究に役立つまとめ方のヒントも書いてあります。もちろん、実験した後はすべておいしく食べられます。夏休みの宿題＆おやつにいかが？

世界を食べる
@わが家のキッチン

『全196ヵ国
おうちで作れる
世界のレシピ』
本山尚義

ライツ社
2017年発行　240ページ
本体価格：1600円＋税
ISBN：978-4-909044-10-5

596
モ

「おいしいものを食べると幸せになる」のは世界共通。世界各地のおいしいお料理を、近所のスーパーマーケットの食材を使って、わが家のキッチンでつくれてしまうレシピが秀逸です。小さなコラムは読み物としてもおすすめ。今日はどの国の何をつくろうかな。おいしそうなページをめくっていると、「毎日の食卓で、飢えることも怯えることもなく、安心して食べることのできる平和をどの国の人びとにも」とどけたいという願いが、おのずと湧いてきます。

子どもの成長を
脳科学の視点で見てみると

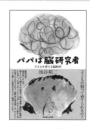

『パパは脳研究者
子どもを育てる脳科学』
池谷裕二

クレヨンハウス
2017年発行　307ページ
本体価格：1600円＋税
ISBN：978-4-86101-343-0

599
イ

ある学者に子どもが生まれ、父になりました。この父親がふつうと違うのは、自分の子どもの成長を脳科学の知識と視点で見ることができること。子どもの成長は脳研究者から見ても不思議と奇跡の連続。子どもが成長していくその時々に見せるしぐさや振る舞いを紹介しながら、その背後にある脳の発達の仕組みを教えてくれます。1カ月から4歳までの成長記録を通して、人の脳がどのように発達していくかを楽しく知ることができます。

# "6"
## で始まる本
# 産業

「遊園地のことを知りたい」「電車や飛行機のことをもっと知りたい」「かわいい犬や猫の写真を見るのが大好き」。そんな興味をもつ人におすすめなのが"6"で始まる番号の本。ここには農業や園芸、家畜、森林、漁業、商業、交通、観光、通信といった、生活を支えるさまざまな産業についての本がそろっています。あまりに幅広いジャンルの本があって、本を見つけにくいかもしれません。でも、役に立つ本がいっぱいありますよ。

## "6"　産業【Industry and commerce】

## 『カレーライスを
## 一から作る 関野吉晴ゼミ』
前田亜紀

ポプラ社
2017年発行　207ページ
本体価格：1200円＋税
ISBN：978-4-591-15592-9

610
マ

せき の よしはる
関野吉晴教授は、野菜を種から、
鳥もヒナから育て、食器もつくり、
カレーライスを一からつくろうと
学生たちに呼びかけました。作業
で起こるさまざまな問題や疑問を
解決する中で、学生たちはいろい
ろなことに気付きます。はじめは
楽しかった計画も、予想以上の過
か
酷な現実に直面し、挫折しそうに
ざせつ
なります。食肉用に育てた鳥を殺
せるのか？　何度も話し合いをし
ます。はたしてほんとうにカレー
づくりはできるのか？　最後まで
いっきに読んでください。

## 『東京農業
## クリエイターズ
### あたらしい農ライフをデザインする。』
小野　淳

イカロス出版
2018年発行　231ページ
本体価格：1500円＋税
ISBN：978-4-8022-0544-3

611
オ

く
となりのトトロみたいな豊かな里
山の暮らしってあこがれません
せいこう う どく
か？　晴耕雨読の自然派生活。た
もう
だし、実際の農業は儲からないし、
虫や作物の病気が大変だし、税金
も取られるし、ラクではありませ
ん。でも、農業の価値は食べるこ
と以外にもあります。農作業の楽
しさをもっと都会の人に伝え、ビ
ジネスとして提供する。そうした
ら、コミュニティーづくりもでき
て、外国人の観光客も増えて、忍
にん
じゃ　　　こんかつ　　　　とうきょう
者体験や婚活まで!?　東京で農業、
アリかもしれません。

『イチからつくる
ワタの糸と布』
大石尚子(編)、杉田比呂美(絵)

『江戸寺社大名庭園
路線図入り御江戸大絵図付』
こちずライブラリ(企画・編集)

農山漁村文化協会
2018年発行　36ページ
本体価格：2500円＋税
ISBN：978-4-540-17163-5

618
オ

誰もが日常の中で使っている布。その原材料である綿を育てるところから始まり、綿から糸をより、その糸を染め、そして織って布につくる工程がわかりやすく書かれています。カレーライスやチョコレートをイチから自分でつくる、「イチからつくる」シリーズのなかでも、この「ワタ」は、特別な技術や施設をもっていない私たちでも実際に試してみることができますよ。ワタの歴史についても書かれていて、知識も増やせる一冊です。

こちずライブラリ（シリーズ古地図物語）
2014年発行　96ページ
本体価格：1300円＋税
ISBN：978-4-89610-835-4

629
コ

かつて江戸の町は、大名庭園や寺社の樹木が茂り、緑であふれていました。現在の上野公園はすべて寛永寺の境内、新宿御苑は内藤家の下屋敷、小石川後楽園は徳川家の上屋敷……。江戸からの緑を残す公園・寺社の歴史や由来を解説した本です。付録の鉄道路線図を重ねた約200年前の古地図がとってもおもしろくて、いつまでも眺めていたくなります。豊洲、月島、東陽町あたりは海だったんだ！というように東京の歴史を現在と重ねて感じられる一冊です。

牛も幸せ、みんなも幸せ

## 『しあわせの牛乳
**牛もしあわせ！　おれもしあわせ！**』
佐藤 慧(著)、安田菜津紀(写真)

ポプラ社（ポプラ社ノンフィクション）
2018年発行　175ページ
本体価格：1200円＋税
ISBN：978-4-591-15813-5

| 640 |
| --- |
| サ |

岩手県岩泉町にある「なかほら牧場」。「アニマルウェルフェア（動物福祉）」という、家畜の幸せのための「5つの自由」を満たしている牧場として、日本国内で最初の認定を受けた牧場です。狭い場所で身動きがとれずにいるのではなく、一年を通して自由に山で草を食べ、うんちをして、山で眠る。そんな幸せな牛からもらう牛乳は、もちろんおいしい！　そんな幸せな牧場は、なぜ、どのようにして、つくられたのでしょう。

猫を幸せにして、
世界を変える！

## 『ネコリパブリック式
**楽しい猫助け**』
河瀬麻花

河出書房新社
2016年発行　182ページ
本体価格：1400円＋税
ISBN：978-4-309-27793-6

| 645 |
| --- |
| カ |

ネコリパブリックには野望があります。2022年2月22日までに猫の殺処分をゼロにして、この世のすべての猫たちにお腹いっぱいになる幸せと安心して眠れる場所を与えたい！　という。そこで、猫カフェを開き、里親と結ぶ「自走型」の活動を行うことになりました。猫を助けて猫にまみれて働き、猫と人が幸せに暮らす社会づくりに貢献できるなんて、猫好きにはたまらない国ではないでしょうか。救われるのはきっと、猫だけではありません。

## 『いのちのギフト
### 犬たちと私から送る勇気のエール』
日野原重明

小学館
2013年発行　93ページ
本体価格：1500円＋税
ISBN：978-4-09-388323-8

645
ヒ

世界に知れわたった伝説の犬たちの話、保護犬やセラピー犬などからいのちの尊さを学ぶ話など、日野原重明さんの創作童話による、犬と人との10のお話です。日常の結びつきによって愛情が深まり、おたがいを大切に思いやれるとわかるでしょう。人、犬だけでなく動物のいのちの大切さや、動物から受け取る幸せの意味について考えるきっかけになるかもしれません。ところどころに犬の写真やカラーイラストもあり、お話と併せて楽しむことができます。

## 『微生物ハンター、
## 深海を行く』
高井 研

イースト・プレス
2013年発行　381ページ
本体価格：1600円＋税
ISBN：978-4-7816-1006-1

663
タ

「科学者」と聞くと、冷静沈着で物事をすべて理屈と数字で判断する人たち、なんてイメージがありますが、この本を読むとそんな印象は一瞬で吹き飛びます。とにかく熱い！　著者は猛烈な情熱をもって未発見の微生物を求めて世界を飛び回り、最後は地球外の生物にまで想いを馳せます。その強い想いは、「オレが見つけた微生物こそ最強生物なのに、クマムシに人気で負けるなんて、ずるい！」と、クマムシ（59ページ）に対し嫉妬に駆られているほどです。

おいしい図鑑に思わず、
ペロリ

## 『クレヨンで描いた
おいしい魚図鑑』
加藤休ミ

晶文社
2018年発行　56ページ
本体価格：1600円＋税
ISBN：978-4-7949-6984-2

664
カ

「おいしい」とタイトルについて
いる通り、ただの図鑑ではありま
せん。身近な料理からどんな魚か
を著者独自の解説を加えて、説明
しています。なかには「クスッ」
と笑ってしまうものもあります。
ふだん目にしている魚料理から、
それらがどんな魚なのかを教えて
くれるのです。クレヨンで描かれ
た絵と説明文が、料理のおいしさ
まで感じさせます。魚について知
ることができ、さらに食べたくな
る、ちょっとよだれが出そうなお
いしい一冊です。

クジラを捕るのは
悪いことですか？

## 『おクジラさま
ふたつの正義の物語』
佐々木芽生

集英社
2017年発行　283ページ
本体価格：1700円＋税
ISBN：978-4-08-781608-2

664
サ

捕鯨問題についてみなさんは知っ
ていますか？　クジラ漁は守るべ
き伝統だという日本の主張。一方、
かしこいクジラを捕って食べるの
は残酷だという西洋の主張。２つ
の主張はぶつかりあったまま、い
まだに解決していません。この本
は、クジラの町・和歌山県太地町
を舞台に２つの主張を検証してい
ます。日本人である限り、捕鯨問
題は知らないではすまされません。
どちらが正しい、正しくないとい
うことではなく、知ることが大切
なのです。

古今東西「敵に塩を送る」

『**塩の世界史** 上
歴史を動かした小さな粒』
マーク・カーランスキー(著)、
山本光伸(訳)

中央公論新社（中公文庫）
2014年発行　271ページ
本体価格：1000円＋税
ISBN：978-4-12-205949-8

| 669 |
| --- |
| カ |
| 1 |

人間が生きていく上で欠かせないのが水と塩。その中でも塩の使い道は、食べものだけでなく薬品などにも及び、塩自体に高い価値があります。だから塩は通貨代わりにもなったり、塩をめぐって戦争が起きたりもしました。そんな「塩」がたどってきた道を、世界史とともに俯瞰（ふかん）した一冊。「塩」の数奇な運命？　を知るのもよし、世界史を学ぶための読み物として読んでもよし。身近すぎて考えることがあまりない「塩」について理解を深めてみませんか？

安全に運んであたりまえ。
さてどう運ぶ？

『**キリンの運びかた、
教えます** 電車と病院も!?』
岩貞るみこ(文)、たら子(絵)

講談社
2018年発行　221ページ
本体価格：1300円＋税
ISBN：978-4-06-511925-9

| 680 |
| --- |
| イ |

岩手（いわて）から東京へお嫁（よめ）に行くことになったキリンのリンゴ。首の長いキリンをどのように運ぶのでしょうか。日本でつくられた866両の鉄道車両をイギリスまで運ぶことに。いくつもの作業チームがかかわり、無事に運ぶことができるよう協力して考えます。離（はな）れた場所に建った新しい子ども病院への引っ越（こ）しは、治療（ちりょう）を続けながらどのように行うのでしょうか。安全に運んであたりまえな「運ぶ」プロフェッショナルたちの舞台裏（ぶたいうら）と、プロたちの思いがわかります。

# "7" で始まる本

# 芸術・美術

「絵を描くのが好き」「スポーツが好き」、それとも「劇やドラマを見るのが好き」かな？ そんな人におすすめなのが "7" で始まる番号の本。ここには絵や音楽などの芸術やいろいろなスポーツ、そして劇やゲームついての本がそろっています。きれいな写真集や楽しい絵本、画集もこの分類にあるけれど、もしかしたら図書館の別の棚に置かれているかもしれません。学校のクラブや部活動に関係する本が多く集まっているために、とても人気がある棚です。

## "7"　芸術【The arts】

| | | | |
|---|---|---|---|
| 700 | 芸術・美術 | 760 | 音楽 |
| 710 | 彫刻 | 769 | 舞踊・バレエ |
| 720 | 絵画 | 770 | 演劇 |
| 723 | 洋画 | 778 | 映画 |
| 726 | 漫画・挿絵・童画 | 779 | 大衆演芸 |
| 728 | 書・書道 | 780 | スポーツ・体育 |
| 730 | 版画 | 790 | 諸芸・娯楽 |
| 740 | 写真 | 791 | 茶道 |
| 748 | 写真集 | 798 | 室内娯楽（パズル、クイズ） |
| 750 | 工芸 | | |

『めくるめく
現代アート
イラストで楽しむ
世界の作家とキーワード』
筧 菜奈子(文・絵)

フィルムアート社
2016年発行　159ページ
本体価格：1500円＋税
ISBN：978-4-8459-1579-8

702
カ

美術展に行ったことがあります
か？　どんな絵を見ましたか？
好きな作品はありましたか？　な
かには「これ芸術なの？」「何だ
かよくわからない」というものも
あったかもしれませんね。「わか
りにくい」と言われる現代アート。
この本では、有名な現代アートの
アーティストの作品・作風や、
「アール・ブリュット」「インスタ
レーション」といった用語を、イ
ラストで解説しています。現代ア
ートの世界が身近になります。

『はみだす力』
スプツニ子！

宝島社
2013年発行　187ページ
本体価格：1300円＋税
ISBN：978-4-8002-1792-9

702
ス

28歳という若さで世界屈指の理
系大学、MIT（マサチューセッツ
工科大学）の助教に就任したスプ
ツニ子！さんがくり返し言ってい
ることは、「『普通』を疑う」「誰
とも違う『自分』になる」ってこ
と。「好きでもない相手に嫌われ
たって、気にしない」（うわっ！）。
さらに、「今いるところが世界の
すべてじゃない」「おもしろいも
のが集まる場所に行く」（おお
っ！）。まずは読んでみましょう。
楽しく生きるヒントをもらえるは
ずです。

『見るだけで楽しめる！
## ニセモノ図鑑
**贋作と模倣からみた日本の文化史** 』
### 西谷 大

河出書房新社
2016年発行　127ページ
本体価格：1600円＋税
ISBN：978-4-309-27767-7

702
二

2015年の春、国立歴史民俗博物館で行われた企画展示「大ニセモノ博覧会」を書籍化したものです。オールカラーで偽文書、書画・骨董のニセモノ、人魚のミイラなどが紹介され、眺めているだけで楽しめます。なかでも「人魚のミイラの作り方」では、歴史的背景を探り、制作過程を紹介しながら、実際にミイラをつくっています。欲しいものが手に入らない、そんな欲求から生まれたニセモノもあります。興味深いニセモノの世界が広がりますよ。

## 『ミュージアムの女』
### 宇佐江みつこ

KADOKAWA
2017年発行　134ページ
本体価格：1200円＋税
ISBN：978-4-04-069452-8

706
ウ

ミュージアム（美術館・博物館）で展覧会の企画をする人を学芸員といいます。この本は、学芸員の仕事を紹介……しません。展示室の隅っこに座っている人、いますよね。そんな見守り業務についている人にスポットを当てたものなのです。仕事内容だけでなく、来場者や旅先の美術館でのエピソードなども。4コママンガで、登場人物が全部ネコでほっこり。展示室からはうかがい知れない世界をのぞき見。企画展よりおもしろいかも？

## 『名作マンガの間取り 新版』
影山明仁

SB クリエイティブ
2015年発行　159ページ
本体価格：1000円＋税
ISBN：978-4-7973-8493-2

726
カ

小説でもマンガでも、キャラクターや舞台となる家などのストーリー以外の設定が、細かくつくられています。この本は、好きなマンガをより深く楽しみたい、と思った建築屋さんが、作品と自分の知識と想像力を総動員して、マンガに登場する間取りを書き上げた一冊。作者が建築の専門家ではないので、専門家から見ると突っ込みどころもありますが、それはそれで楽しいです。「間取り」は家族や時代を映し出す鏡ということがわかります。

## 『未来のだるまちゃんへ』
かこさとし

文藝春秋（文春文庫）
2016年発行　269ページ
本体価格：660円＋税
ISBN：978-4-16-790758-7

726
カ

『だるまちゃんとてんぐちゃん』で有名な絵本作家が、子どもたちや親への応援歌をしたためました。子どもたちをひたすら観察し、メモを取る中で絵本は生まれました。長い間愛される絵本には、何十年間も積み重ねた観察が土台にあったのです。子どもたちに伝えたいメッセージは、同時に大人へのメッセージでもあります。「子どもたちには生きることをうんと喜んでほしい」と作者は述べています。とても重く力強い言葉です。

広告デザインの
コツをつかもう！

『パッと目を引く！
**タイトルまわりの
デザイン表現**』
リンクアップ、
グラフィック社編集部(編)

グラフィック社
2017年発行　247ページ
本体価格：2400円＋税
ISBN：978-4-7661-2990-8

727
リ

あなたはおしゃれな広告や、目を
ひくポスターを描いてみたいと思
ったことはありませんか？　ある
いは、描きたいと思いながら、ど
のように描いたらいいか迷ったこ
とはありませんか？　この本は、
そんなあなたの願いや悩みに応え
てくれる本です。ページをめくる
たびに現れるアイデアの数々は、
必ずあなたの心をとらえるはず。
この本を読んで、あなたも誰かの
心をキャッチする作品づくりに挑
戦してみましょう。

働くことは楽しいですよ！

『**ニッポンの
はたらく人たち**』
杉山雅彦

パイインターナショナル
2019年発行　96ページ
本体価格：1900円＋税
ISBN：978-4-7562-5178-7

748
ス

表紙は、宙吊りの男性がのこぎりを
持ち、地面には木材をチェーンソ
ーで切り倒す人がいて、驚くことに
丸太が人間の頭上を飛んでいる写
真です。つぎにページをめくると新
聞が天を舞っています。表紙は林
業にたずさわる会社の紹介であり、
新聞が舞っている写真は、新聞販
売店の紹介です。従来とは違った
職業紹介の写真集なので、楽しみ
ながら職業にふれることができま
す。写真に写っている方々は実際
に働いている会社の人びとです。
ふざけているけれどまじめな本です。

## 『ヤズディの祈り』
### 林 典子

赤々舎
2016年発行　223ページ
本体価格：2800円＋税
ISBN：978-4-86541-058-7

748
ハ

少数民族ヤズディはイラク北西部でひっそりと暮らしてきました。しかし、突然イスラム過激派組織ＩＳから攻撃を受けます。襲撃されたヤズディの人びとには、イスラム教に改宗するか、死を選ぶかしかありませんでした。わずか数日で数千人が殺され、女性たちは売買されたのです。著者は危険な地域で取材を重ね、ヤズディの人びとの体験について写真を通して記録しました。平和な日本からは想像もできない世界を教えてくれる一冊です。

## 『世界で一番美しい
レントゲン図鑑』
### ニック・ヴィーシー(著)、
### 稲垣 彩(訳)

エクスナレッジ
2013年発行　223ページ
本体価格：2400円＋税
ISBN：978-4-7678-1463-6

748
ヴ

レントゲンの写真集です。具合が悪い時、体のどこかに悪いところがないかを探すために病院で撮る、人の骨が骸骨のように浮かび上がる、あのレントゲンです。人はもちろんですが、人が乗っているバスまるごとや、花や生きもの、かばんや靴などさまざまなものについて、レントゲンを通して透かして見ることができます。そこには、ふだんの姿とはまったく違う表情を見せているモノたちの、美しさやおもしろさが満ちています。

## 小さな世界

『**MINIATURE LIFE**』
MINIATURE CALENDAR
田中達也（写真・編集・デザイン）

水曜社
2013年発行　1冊
本体価格：2500円＋税
ISBN：978-4-88065-328-0

| 748 |
| --- |
| ミ |

「ブロッコリーやパセリが森に見えたり、水面に浮かぶ木の葉が小舟に見え」た作者の田中達也さんは、小人の視点で日常の物事を考えるとおもしろいと思いました。ミニチュア人形や日常品でいろいろな風景をつくり出し、写真を撮りました。そこには、確かに卵のかけらやセロハンテープ、トイレットペーパーなどが映っているのですが、不思議なことに私たちの日常世界に見えてきて、ちょっと楽しくなるかわいい写真集です。

## あなたの人生応援します

『**いつかすべてが
君の力になる**』
梶 裕貴

河出書房新社（14歳の世渡り術）
2018年発行　170ページ
本体価格：1300円＋税
ISBN：978-4-309-61713-8

| 778 |
| --- |
| カ |

著者は『進撃の巨人』や『七つの大罪』など、話題作で活躍する大人気声優さんです。声優をめざすことを決心したのは14歳の時。「声優とは、なにごとも全力で頑張ったことが、すべて自分の力になる職業」との言葉に出合い、声優への道が決定づけられました。多感な14歳に向けて未来に続く今をどう生きるか、上から目線ではなく語ります。声優にあこがれる人はもちろん興味深いと思いますが、中高生みんなに向けたメッセージとなっています。

## 『もぎりよ今夜も有難う』
片桐はいり

幻冬舎（幻冬舎文庫）
2014年発行　222ページ
本体価格：460円＋税
ISBN：978-4-344-42230-8

778
カ

ある日、東京・大森の映画館へ出かけたら、女優の片桐はいりさんが「もぎり」をしていました。もぎりとは映画館の入り口に立ち、半券をもぎ取る仕事をする人のことをいいます。かつて、映画館は代表的な娯楽の場でした。著者は映画が大好きで、大学生のころに映画館でアルバイトを始めます。この本は、その当時のことを書き綴ったエッセイです。映画に熱中する人たちの息づかいや映画館で働く人びとのようすが、いきいきと描かれています。

## 『歌丸ばなし』
桂 歌丸

ポプラ社
2017年発行　246ページ
本体価格：1200円＋税
ISBN：978-4-591-15633-9

779
カ

テレビでおなじみだった桂歌丸師匠の話した古典落語を、文字にした本です。江戸時代の古い言葉が多くて、難しく感じるかもしれません（内緒ですが、大人のお話も入っています）。でも、コラムだけでも読んでみてください。落語に全身全霊で取り組む姿勢に、驚かされると思います。文字にすればわずか４行の、美女の描写を半年も考え抜いたそうです。そんな伝統世界の奥深さをのぞいてみませんか？　もちろん、お話もおもしろいですよ。

## 『発達障害の僕が輝ける
## 場所をみつけられた理由』
栗原 類

KADOKAWA ©KAYO UME
2016年発行 237ページ
本体価格：1200円＋税
ISBN：978-4-04-601777-2

779<br>ク

モデル・タレント・役者として活躍している栗原類さんは、8歳のときADD（注意欠陥障害）と診断されました。この本で彼は、自分の歩んできた道をふり返りながら、母の愛と適切な環境の中で、自分の才能を伸ばし、障害をコントロールし、人との関係を築く努力をしてきたと語っています。いろいろな障害のある人たちとともに、私たちみんなが「輝ける場所」を見つけられるようなヒントがたくさん詰まっています。

## 『12歳の約束
### そして世界の頂点へ』
矢内由美子、寺野典子（著）、
石野てん子（イラスト）

小学館（小学館ジュニア文庫）
2016年発行 190ページ
本体価格：680円＋税
ISBN：978-4-09-230876-3

780<br>ヤ

レスリングの吉田沙保里選手、水泳の入江陵介選手、体操の白井健三選手、卓球の伊藤美誠選手……。2016年のリオデジャネイロオリンピックでの活躍が記憶に残るトップアスリートたちも、誰もが最初はゼロから始めた初心者でした。どのようにその種目に出合い、練習の日々を送り、困難や迷いを乗り越えてきたのでしょう。7人の選手が12歳のころに書いた将来の夢、自分と交わした約束とともに紹介します。

## 東京大会をめざす 義足のアスリート

## 『ラッキーガール』
佐藤真海

集英社（集英社文庫）
2014年発行　181ページ
本体価格：450円＋税
ISBN：978-4-08-745175-7

| 782 |
|-----|
| サ |

東京オリンピック・パラリンピック招致活動のプレゼンテーションで、ひときわ美しい笑顔の発表者がいました。それがこの本の著者、谷真海さん（旧姓、佐藤真海）です。彼女は大学２年生の時、骨肉腫（骨のがん）にかかり右足切断という不運に見舞われます。治療やリハビリ、そして義足の生活に涙する日々から、再び前を向いて走り出すことができたのはなぜか。パラリンピックの競技場でもう一度、彼女の笑顔が見られるはずです。

## ポジティブは 僕には似合わない

## 『鈍足バンザイ！　僕は足が遅かったからこそ、今がある。』
岡崎慎司

幻冬舎（幻冬舎文庫）
2018年発行　293ページ
本体価格：650円＋税
ISBN：978-4-344-42718-1

| 783 |
|-----|
| オ |

サッカー日本代表選手である岡崎慎司さんの、飾らない人柄がにじみ出た本です。自分は臆病でネガティブでコンプレックスの塊という岡崎さん。成功をイメージしポジティブに行動するようなメンタルトレーニングさえ、自分には合わないというのです。その気持ちわかる、という人もいるのではないでしょうか。岡崎流のネガティブを大切にし、「コンプレックスの卵」を温めながら努力するという生き方。気になった人はぜひ！

## ペンを持った
## メジャーリーガー

『メジャーをかなえた
雄星ノート』

菊池雄星

文藝春秋
2019年発行 190ページ
本体価格：1400円＋税
ISBN：978-4-16-391002-4

783
キ

メジャーリーガーとなった著者が、学生時代から書いていた日記やノートを大公開。著者は毎日「書く」ことで自分と向き合ってきたそうです。圧巻は高校２年生の時に書いた、81マスの達成すべき目標を書き込んだ用紙。それは野球の技術的なことだけでなく、感謝の気持ちにまでおよび、高校生とは思えない自己分析力、表現力で、目標に向かう強い意志を感じます。野球好きはもちろん、目標を達成したいすべての人に読んでほしい本です。

## 高校野球はスゴイゾ、
## 楽しいぞ！

『すごいぞ！
甲子園の大記録』

講談社(編)

講談社（世の中への扉）
2016年発行 173ページ
本体価格：1200円＋税
ISBN：978-4-06-287019-1

783
コ

春と夏に始まる高校野球。その舞台である甲子園では、毎年のように多くの大記録が生まれています。王貞治さんから大谷翔平さんまで、偉大な数々の記録がこの地に刻まれ、私たちに感動を与えてくれました。プロ野球やアメリカメジャーリーグで活躍するダルビッシュ有さんや菊池雄星さんなどは、この高校野球の記録を塗り替えたことによって、大きく成長したのです。この感動をぜひ、小中学生にも味わってほしいです。

『**情熱の階段** 日本人闘牛士、
たった一人の挑戦』
濃野 平

講談社
2012年発行　298ページ
本体価格：1400円＋税
ISBN：978-4-06-217444-2

| 788 |
| --- |
| ノ |

ムレタという赤い布で牡牛の注意を引きつけ、闘牛士は牛と闘います。正に一対一。頼れるものは身につけた技術と勇気だけです。この闘牛の世界に魅せられ、闘牛士になりたいという一念でスペインに渡った日本人がいます。著者の濃野平さんです。この本では、闘牛という伝統的な世界で困難をひとつずつ乗り越え、ついには夢を実現させた濃野さんの人生が描かれています。物事に夢中になることの幸せ、すばらしさが伝わってくる本です。

『**忍者修行マニュアル**』
山田雄司（監修）

実業之日本社（「もしも？」の図鑑）
2015年発行　111ページ
本体価格：1000円＋税
ISBN：978-4-4408-45574-7

| 789 |
| --- |
| ニ |

もしも遠足でお弁当を忘れたら？もしもこわいおじさんの家に野球ボールが入ってしまったら!?　忍者ならどうやってこのピンチを切り抜けると思いますか？　第1章では秘伝の忍術でピンチを切り抜けていきます。第2章では、もしも山の中で遭難したら？　もしも忍者の食事でパーティーをしたら？　など、忍者の知恵や生活の真実を紹介。第3章では忍者の仕事や歴史などを紹介しています。これを読めばあなたも忍者博士!?

# "8"
## で始まる本
# 言語

「言葉に興味がある」「外国の言葉を知って、よその国に行って
みたい」。そんな人におすすめなのが "8" で始まる番号の本。
ここにはいろいろな国や地域の言葉についての本がそろってい
ます。言葉は国や地域によって変わります。日本語にも方言と
いう独特の言葉があるように、広い世界には住んでいる場所に
よってたくさんの違う種類の言葉があります。日本語や英語だ
けではなく、いろいろな国の言葉や文字を知ってみたくはあり
ませんか？

話はうまくなくていい

『話し方ひとつで
キミは変わる』

福田 健

まずはひとつ使ってみよう

『大和言葉
つかいかた図鑑』

海野凪子(文)、
ニシワキタダシ(絵)

PHP 研究所
2017年発行　127ページ
本体価格：1200円＋税
ISBN：978-4-569-78695-7

809
フ

自己紹介やクラスでの話し合い、発表などでうまく話せず、自分は話しベタだと思っている人は多いのではないでしょうか。でも著者は、「生まれつきの話しベタはいない」と言います。この本では、人と話す時、何に気をつければいいのか、一からていねいに教えてくれます。ポイントの一つひとつはとってもカンタン。自然にできるようになるまでは時間がかかるかもしれないけれど、身につけば、きっと一生使える力になります。

誠文堂新光社
2016年発行　197ページ
本体価格：1200円＋税
ISBN：978-4-416-71591-8

810
ウ

『日本人の知らない日本語』の日本語教師・海野凪子先生が大和言葉（中国から漢語が入ってくる前から日本人が使っていた言葉）について教えてくれます。おいとまする、したためる、おめしものなどなど……なんとなく柔らかい響きですよね。意味はわかるけど、使ったことない、実際話している場面に出くわしたこともない……という言葉がたくさんです。さりげなく使ってみたらステキです。おいそれとは身につかないかもしれないけれど。

日常の中にある新しい発見！

『**図説日本語の歴史**』
今野真二

河出書房新社（ふくろうの本）
2015年発行　159ページ
本体価格：2000円＋税
ISBN：978-4-309-76237-1

810
コ

「いろはにほへと……」。一度は聞いたことがある「いろは歌」は、ひらがなが重ならないように考えられ、唱えながら手習いが行われていました。その前の「たゐにのうた」や「あめつちの詞」などにも、仮名を身につけるために工夫がなされていたそうです。身近な日本語ですが、その歴史を知る機会は、なかなかありません。ページをめくるだけでも楽しい本です。話したり読んだりする日常の「ことば」の中に何か発見があるかもしれません。

まるで漢字のおもちゃ箱！

『**漢和辞典的に
申しますと。**』
円満字二郎

文藝春秋（文春文庫）
2017年発行　352ページ
本体価格：770円＋税
ISBN：978-4-16-790820-1

811
エ

漢字の成り立ちや中国でのもともとの意味から、「ピラフ」や「肉球」を表す漢字まで、この本には漢字にまつわるいろいろな話が詰め込まれています。読み終わるころには、身のまわりの漢字が気になってくるような、読んで楽しい漢字の本です。ちなみに現在、実際に使われている漢字で、いちばん画数が多いものは何画だと思いますか？　それは「ビャン」と読む漢字で、57画もあります。残念ながらここには書けませんので、ぜひこの本で確かめてみてください。

## 古文単語って
## 意外とおもしろい！

『**古文単語キャラ図鑑**
**かなり役立つ！**』
岡本梨奈

新星出版社
2018年発行　159ページ
本体価格：1200円＋税
ISBN：978-4-405-01234-9

814
オ

古文ってよくわからないし苦手
……という人は多いのではないで
しょうか。この本では、古文によ
く出てくる単語をキャラクター化
して紹介しています。キャラクタ
ーのイラストはおもしろく、イン
パクトがあるので、一度見ると忘
れられません。キャラクターたち
が活躍するマンガも、単語を理解
する手助けになっています。単語
がわかったら、ぐんと古文も読み
やすくなります。この本を読んで、
古文の楽しさを味わってください。

## 語彙を増やし
## 使えるようになるには

『**大人になって困らない**
**語彙力の鍛えかた**』
今野真二

河出書房新社（14歳の世渡り術）
2017年発行　206ページ
本体価格：1300円＋税
ISBN：978-4-309-61711-4

814
コ

「語彙」ってよく目にする言葉で
すが、実際「どういう意味？」と
聞かれると困るのではないでしょ
うか。語彙とは、「語のあつまり」
という意味です。みなさんは語彙
が豊富な人になりたいなと思いま
せんか？　では、どうすれば自分
の語彙を増やすことができるので
しょうか。そして、どのようにし
たら語彙を使いこなせるようにな
るのでしょうか。本書を読んで、
語彙について考え、語彙を鍛える
レッスンをしましょう。

## 『はじめてのことわざ
辞典　なかまでおぼえる』
小学館国語辞典編集部(編)

小学館
2014年発行　351ページ
本体価格：1600円＋税
ISBN：978-4-09-501824-9

814
シ

どこからでも読むことのできる
「ことわざ」の辞典です。まずは
「ことわざ　いくつわかるかな」
のページを見て、どういう意味だ
ったかな？　と思ったことわざの
ページを見てみましょう。「体」
「人」「暮らし」「生き物」「自然」
「色」「数」といった、身のまわり
の仲間ごとに「ことわざ」が分か
れていて、カラーのイラストとと
もに説明されているので意味がわ
かりやすいです。楽しみながら読
むことで、知識にもなるでしょう。

## 『そうだったのか！
四字熟語』
ねじめ正一(文)、
たかいよしかず(絵)

童心社
2014年発行　151ページ
本体価格：1980円＋税
ISBN：978-4-494-01424-8

814
ネ

四字熟語ってなんだか難しい、と
思っていませんか？　確かに、
「悪戦苦闘」「異口同音」「一喜一
憂」と続けて書かれると、迫って
くるようで怖いかもしれません。
でも実は、意味や使い方さえわか
れば、おもしろくなってくるので
す。というよりもこの本、思わず
笑っちゃいます。楽しんでいるう
ちに、それぞれの四字熟語の意味
や使い方も「そうだったのか！」
とわかります。わかってくると、
楽しくなるし、使いたくなりま
す！

『 日本語が面白い！
数え方の絵本』
ロコ・まえだ

柳原出版
2018年発行　147ページ
本体価格：1500円＋税
ISBN：978-4-8409-6021-2

815
ロ

「個」「枚」「本」……。日本語には、たくさんの「数え方」があります。この「数え方」は「助数詞」と言って、そのものがどんな形をしていてどんなようすなのかを教えてくれます。昔の生活の中には、日本語ならではの「数え方」があふれていましたが、現代ではその数が減ってきました。みなさんは、どのくらい「数え方」を知っているでしょうか？　みんなでクイズを出しながら、楽しく「数え方」について学んでいけるといいですね。

『マジ文章書けないんだけど　朝日新聞ベテラン校閲記者が教える一生モノの文章術』
前田安正

大和書房
2017年発行　221ページ
本体価格：1300円＋税
ISBN：978-4-479-79586-5

816
マ

就職活動中のお兄さん、お姉さん向けの本ですが、結構わかりやすいです。自分が書いた文章が、取り上げられている例と「どんぴしゃ」だと、「わっ！」と思わず顔を隠したくなります。「書く前に自分と向き合う」ことから始まりますが、これが難しい……。「が」と「は」の違いや、「しつこいと嫌われる」などの基本的なことから始まり、最後には自分のよいところを文章にまとめられることまで導いてくれます。ちょっとだけ文章に自信がつく本です。

## 文字は神聖なもの

## 『漢字のなりたち
日英対訳』

白川静(著)、
アラン・スウェイツ(訳)

平凡社
2016年発行　126ページ
本体価格：1600円＋税
ISBN：978-4-582-40337-4

821
シ

世界にはいろいろな種類の文字が
ありますが、多くの文字は記号と
して発達していき、象形文字の性
格を今も残しているのは、ほぼ漢
字だけ。この本には、中国古代の
出土品に刻まれていた姿の漢字が
そのまま描かれ、その形の意味が
説明されています。昔の人が描い
た漢字の姿は力強く生々しく、そ
こにこめられた祈りやおそれの思
いを感じ取ることができます。ま
たデザインとして見ればなかなか
かわいく、アートの素材としても
使えます。

## わかりやすい、
でも本格的な英語参考書

## 『親子で学ぶ英語図鑑
基礎からわかるビジュアルガイド』

キャロル・ヴォーダマンほか(著)、
リーピン・リザーズ(訳)

創元社
2014年発行　256ページ
本体価格：2800円＋税
ISBN：978-4-422-41413-3

830
ヴ

もともとは「イギリス人のための
英語参考書」として編集された本
書。カラフル、かつわかりやすい
図なども多用されていて、いろい
ろな「英語」のエッセンスが楽し
く学べます。文法はもちろんのこ
と、記号の詳細な説明やスペリン
グのこと、はたまた英作文の書き
方まで、ほんとうに楽しく読んだ
り学んだりすることができるよう
になっています。教科書ではなか
なかわからなかったことを、本書
で確認しながら学ぶといいかもし
れません。

# "9"
## で始まる本
# 文学

あなたは物語が好きですか？ この世界には読み切れないくらいたくさんの物語や詩があります。そんな物語や詩が集まっているのが "9" で始まる番号の本。ここには詩や小説だけではなく、旅行記や日記、エッセイなどの軽い読み物もあります。物語は読む人に生きる喜びを与えてくれます。だからこの分類にはたくさんの本があり、とても人気があります。ここの本は、日本語や英語というように書かれた言語ごとに分けられているので、注意しましょう。

## "9" 文学【Literature】

| | | | |
|---|---|---|---|
| 900 | 文学 | 949 | その他のゲルマン文学 |
| 910 | 日本文学 | 950 | フランス文学 |
| 911 | 詩歌 | 960 | スペイン文学 |
| 913 | 小説・物語 | 969 | ポルトガル文学 |
| 914 | 評論・エッセイ | 970 | イタリア文学 |
| 920 | 中国文学 | 980 | ロシア・ソビエト文学 |
| 929 | その他の東洋文学 | 989 | その他のスラブ文学 |
| 930 | 英米文学 | 990 | その他の諸文学 |
| 940 | ドイツ文学 | | |

あの名作はこの机で書かれた

『文豪の家』
高橋敏夫、田村景子(監修)

エクスナレッジ
2013年発行　168ページ
本体価格：1600円＋税
ISBN：978-4-7678-1553-4

910
ブ

太宰治、夏目漱石、石川啄木など日本の文豪36人が暮らした家を紹介した写真集。作家が写っている当時の写真と、現在の建物の写真と両方掲載されています。この庭を眺めたのか……、この机に向かったのか……と想像はどこまでも膨らみます。外観、内装だけでなく、間取り図も載っているのがおもしろい。文豪たちが暮らした時代の雰囲気がそのまま残されている貴重な建物たち。本書を読むと、今度は実際に訪れてみたくなりますよ。

百人一首の歌をよんだ人ってどんな人？

『百人一首人物大事典
ハンディ版』
渡部泰明(監修)、グラフィオ(編)

金の星社
2016年発行　151ページ
本体価格：1200円＋税
ISBN：978-4-323-07375-0

911
グ

みなさんは百人一首を知っていますか？　飛鳥時代から鎌倉時代までの10の勅撰和歌集（天皇や上皇の命令に基づいて編纂された和歌集）から、すぐれている和歌を100首選んだものです。和歌は5・7・5・7・7の31音でつくる詩の形で、百人一首かるたがさかんにつくられるようになったのは、江戸時代からなのだそうです。こうしてはるか昔の人がよんだ歌が今もよみ継がれていることは、すごいと思いませんか？　さて、その歌をよんだ人たちは、どんな人だったのでしょう。

## ピカドンでなくなったもの

## 『さがしています』
**アーサー・ビナード**(作)、
**岡倉禎志**(写真)

童心社
2012年発行　32ページ
本体価格：1300円＋税
ISBN：978-4-494-00750-9

911
ビ

1945年8月6日午前8時15分、ヒロシマに原子爆弾(ばくだん)が落とされました。その時、それまで営まれていた人びとの生活は消えてしまいました。残されたものは、針が止まった時計、こげた手袋(てぶくろ)、穴のあいたくつ、ゆがんだ弁当箱、黒くなった入れ歯、丸くないビー玉。それを使っていた人はいなくなった……。みんな、さがしているのです。「おはよう」「いただきます」「ただいま」「あそぼ」と言いあえる人を。決して忘れてはいけないことですね。

## 数学ってロマンチック!?

## 『愛×数学×短歌』
**横山明日希**(編著)

河出書房新社
2018年発行　190ページ
本体価格：1300円＋税
ISBN：978-4-309-02722-7

911
ヨ

「平行線1°動けば交差するだから私も一歩踏(ふ)み出す」「切り捨てた端数のような恋心、誤差が重なり何かが狂う」。Twitterに投稿(とうこう)された愛をテーマにした数学短歌集。数学と恋愛との意外な組み合わせがこんなにもロマンチックに響くなんて！　もとになった数式や定義もきちんと解読されています。数学同好会に所属する澤田恭(さわだきょう)平(へい)と、地方から転校してきた文芸部の北村梨花(きたむらりか)。2人の恋模様とあわせて短歌の世界にときめいてください。

## 学校に行けなかった過去から

# 『学校へ行けなかった私が「あの花」「ここさけ」を書くまで』

**岡田麿里**

文藝春秋
2017年発行 253ページ
本体価格：1400円＋税
ISBN：978-4-16-390632-4

912
オ

あなたは学校生活の中で、「自分は魅力的である」と感じているでしょうか。「あの日見た花の名前を僕達はまだ知らない。」、通称「あの花」という作品は、学校に行けなかった過去をもつ脚本家、岡田麿里さんの「登校拒否児は果たして、魅力的なキャラクターとして成立するのだろうか？」という想いから生まれました。この本では、岡田さんがどんな過去を生き、どんな経緯で「あの花」をはじめとしたさまざまな名作を生み出したのか語られています。

## 雨の降る日、息苦しい教室で

# 『雨の降る日は学校に行かない』

**相沢沙呼**

集英社（集英社文庫）
2017年発行 271ページ
本体価格：520円＋税
ISBN：978-4-08-745553-3

913
ア

恋の話、ウワサ話、明るい笑い声に包まれる中学の教室。その片隅で、ひっそりと息をひそめて過ごしている少女がいます。集団になじめない、学校生活を楽しめない、「生きにくい」子。私はふつうじゃないの？ どうして学校に行かなくちゃいけないの？ 時に過酷な学校生活。しかし、太陽に向かって水を撒けば虹をつくることができるように、彼女たちは、もがきながらもみずからの心に虹を架けようとしたのです。その精一杯の勇気に胸が熱くなる、連作短編集。

私だって猫なんですけど！

## 『吾輩も猫である』
**赤川次郎、新井素子、石田衣
良、荻原 浩、恩田 陸、原田
マハ、村山由佳、山内マリコ**

新潮社（新潮文庫）
2016年発行 211ページ
本体価格：460円＋税
ISBN：978-4-10-101050-2

| 913 |
|-----|
| ア |

夏目漱石没後100年記念企画として出版されました。猫好きの作家8名が漱石の「猫」に挑んでいます。石田衣良著「ココアとスミレ」が泣かせてくれます。猫から眺めた人間世界は不思議なことばかり……。空気を読むのが得意な人間なのに、すれ違ってばかり。猫族は勝手気ままですが、通じ合えるのです。会話ではなく、念話でおたがいを知るのです。猫に生まれて幸せな私たちの世界をぜひご覧ください。きっと人間も学ぶことがありますよ。

家族ってビミョウ……
でも、やっぱり家族

## 『星やどりの声』
**朝井リョウ**

KADOKAWA（角川文庫）
2014年発行 317ページ
本体価格：560円＋税
ISBN：978-4-04-101335-9

| 913 |
|-----|
| ア |

死んでしまったお父さんが残した喫茶店「星やどり」を守る、三男三女の子どもたちと母。家族の葛藤を、それぞれの視点から描きます。みなさんと同じ年代の子どもたちの言葉は、何かみなさんにも通じるものがあるのでは？ 家族でも時にはウザいよね、家族でもわかり合えることばかりではないよね、と。それでも、最後にお父さんが残した魔法が家族を包み、いろいろあっても家族はすてきだな、というさわやかな感動が残ります。

## 美しい花には毒がある？

## 『烏に単は似合わない』
阿部智里

文藝春秋（文春文庫）
2014年発行　377ページ
本体価格：700円＋税
ISBN：978-4-16-790118-9

913
ア

ここは「八咫烏」が支配する世界。世界の長である宗家の皇太子の后を選ぶために、朝廷で権力を争う東西南北４つの家から美しい姫たちが集まってきました。姫たちは家の存亡をかけ、華麗な女同士の闘いをくりひろげていきます。そんな時、一人の侍女が失踪し死亡する事件が発生。どうして侍女は命を失ったのか。裏で糸をひいているのはいったい誰なのか。作者のデビュー作にして、壮大な八咫烏シリーズの出発点となった物語です。

## みんな、つまずきながら進んでる

## 『車夫』
いとうみく

小峰書店
2015年発行　254ページ
本体価格：1500円＋税
ISBN：978-4-338-28706-7

913
イ

浅草で人力車に乗ったことはありますか？　主人公の吉瀬走は、とある事情で高校を中退し、人力車の引き手である車夫の世界に飛び込みます。淡々として見える走も、お気楽そうな先輩も、気丈に見える女将さんも、実はつらいできごとを乗り越えてきています。その時に、笑顔を取り戻すきっかけになったのが、人の速さで走るこの乗り物でした。前に進む元気がない時、とんと背中を押してくれる、さわやかな物語です。

# 『大久野島からの
バトン』

**今関信子**（作）、
**ひろかわさえこ**（絵）

新日本出版社
2016年発行　222ページ
本体価格：1800円＋税
ISBN：978-4-406-06033-2

| 913 |
|-----|
| イ |

滋賀県のミッションスクールで学ぶ香織は、夏休みに広島で行われた部活動の後、大久野島に渡ります。大久野島は、今は野性のウサギの生息する穏やかな瀬戸内海の島ですが、実は、第二次世界大戦中には、毒ガスの兵器をつくっていた島だったのです。昔、地図からも消されてしまった「負の歴史」をもつ島。香織はそこで何を聞き、何を感じたのでしょうか。はじめて知った日本の加害の歴史と向き合った香織が考えたことを、いっしょに考えてみませんか。

# 『ジャパン・トリップ』

**岩城けい**

KADOKAWA（角川文庫）
2020年発行　288ページ
本体価格：840円＋税
ISBN：978-4-04-108985-9

| 913 |
|-----|
| イ |

オーストラリアから、京都の姉妹校提携を結ぶ小学校にショートステイをしに来た９人の子どもたち。ショーンは双子の男の子のいる老舗の和菓子屋さんにステイすることに。でも、ショーンには日本に来てどうしてもしたいことがあって……。９人の子どもたちと引率の先生たちがふれる異国、日本での７日間。文化も言葉も違う９人の小学生が出合う日本。外国の人から見た日本ってこんななんだ、言葉で伝えあうってなんてステキなんだろう、って思える本です！

## 子狐の静かな熱い思い

『狐笛のかなた』
上橋菜穂子

新潮社（新潮文庫）
2006年発行　392ページ
本体価格：630円＋税
ISBN：978-4-10-130271-5

913
ウ

生きていることを知られては困る小春丸と小夜は、偶然、けがをした子狐の野火を助けることを通して知り合い、少しの間をいっしょに楽しく過ごしました。数年後、二人と1匹が、隣国同士の戦いに巻き込まれてしまいます。その中でそれぞれが自分を見失わずに生きていこうとする姿と、大切なものを守ろうとする心が描かれています。話は、「憎しみ」「呪い」「悲しみ」など暗く重い部分もありますが、最後まで読んでみてください。

## 本好きあつまれ！

『だいじな本の
みつけ方』
大崎 梢

光文社（光文社文庫）
2017年発行　217ページ
本体価格：480円＋税
ISBN：978-4-334-77452-3

913
オ

「まだ、発売されていない本がなぜここに？」。そんな冒険から、中学校の図書委員と書店員、作家などの、本が大、大好きな人たちの交流が描かれていきます。みんなに本の魅力を知ってもらおうとPOPを書いたり、読み聞かせを企画したりと、大活躍する登場人物たち。ミステリーの要素もあって、みんなが協力して探し当てていくところもおもしろいです。登場人物たちがあげる好きな本が、自分の好きな本と重なり、同じ世界にいるのを感じられます。

## 願いをこめたミトンを あなたに

『ミ・ト・ン』
小川 糸(文)、
平澤まりこ(画)

幻冬舎（幻冬舎文庫）
2019年発行　224ページ
本体価格：600円＋税
ISBN：978-4-344-42918-5

913
オ

北の国、ルップマイゼの女性たちは、うれしい時も悲しい時も、愛する人たちのためにミトン（手袋）を編みました。マリカもそんな女性の一人。みんなに祝福され生まれてきたマリカは、やがて成長し恋をします。そして愛する人のために特別なミトンを編むのです。豊かな森、温かい人びと、数々の苦難、そして色とりどり糸で模様を編み込んだ、心のこもった美しいミトン。人を愛することの尊さが伝わってくる、まるで宝物のような物語です。

## 事件は「日常」に

『春風コンビお手柄帳
小沼丹未刊行少年少女小説集 推理篇 』
小沼 丹

幻戯書房
2018年発行　268ページ
本体価格：2800円＋税
ISBN：978-4-86488-149-4

913
オ

みなさんのおじいさん、おばあさんが子どものころの短編小説集です。子どもの「めんどくさい」も、ふとしたことに強くもつ「好奇心」も、今とあまり変わりません。カタカナ表記が昔風なのでちょっとびっくりするかもしれませんが、このカタカナの使い方が今となっては「古風」というより「モダン」に感じられるから不思議です。怠惰と強い好奇心の組み合わせが軽妙な会話となって、ささやかな「事件」も華麗に解決!?

## 『わたしがここにいる
理由』
片川優子

岩崎書店
2016年発行　167ページ
本体価格：1400円＋税
ISBN：978-4-265-05789-4

| 913 |
| カ |

璃湖、彩加里、そして男の子の一輝は同じ団地に住む幼なじみ。小学生の時はいつもいっしょにいましたが、中学生になって璃湖は私立中学校へ、彩加里と一輝は同じ中学校に通いながらも、部活や友だちとの関係で疎遠になっていきます。私立中学校の雰囲気になじめない璃湖、好きなサッカーの壁にとまどう一輝、はじめての友だちや先輩への恋に悩む彩加里。中学1年生になった彼らが、それぞれの道へ歩み出してゆく姿を応援したくなります。

建築家・ヴォーリズの生涯

## 『屋根をかける人』
門井慶喜

KADOKAWA（角川文庫）
2019年発行　382ページ
本体価格：720円＋税
ISBN：978-4-04-107958-4

| 913 |
| カ |

20世紀はじめに、キリスト教伝道のためにアメリカから来日したウィリアム・メレル・ヴォーリズの物語です。でも、伝道師としてよりも建築家として後世に名を残しました。彼が設計した校舎がある神戸女学院は、日本一美しいキャンパスといわれています。また商才にも長けていて、薬のメンソレータムを日本で売り出した人です。実在した人物を描きつつ、想像力豊かな物語性もあり、昭和の歴史を教科書とはまた違った視点で知ることができます。

# 『シンクロニシティ

**法医昆虫学捜査官』**
川瀬七緒

講談社（講談社文庫）
2015年発行　485ページ
本体価格：820円＋税
ISBN：978-4-06-293138-0

| 913 |
| --- |
| カ |

倉庫から女性の死体が発見されました。死体にハエやうじがたかっていたことから、法医昆虫学者・赤堀涼子（あかぼりりょうこ）が捜査（そうさ）に協力することに……。その捜査方法に懐疑的（かいぎてき）な警察をものともせず、彼女（かのじょ）は現場に残された虫からさまざまなことを読み取り、とうとう女性が殺された地域をつきとめ、事件の真相へと近づいていきます。「虫の知らせ」による一風変わった捜査（そうさ）方法と、物怖（ものお）じしない個性的なキャラクターである赤堀涼子の活躍（かつやく）がおもしろいです。

# 『青空に飛ぶ』

鴻上尚史

講談社（講談社文庫）
2019年発行　352ページ
本体価格：740円＋税
ISBN：978-4-06-516580-5

| 913 |
| --- |
| コ |

帰国子女の少年が、日本の中学校で凄（すさ）まじいいじめにあいます。つらいシーンですが目が離（はな）せません。そんな絶望的な学校生活に何か望みがないかと読み進めると「特攻（とっこう）隊（たい）ゲーム」という、上級生に無理やり突（つ）っ込（こ）ませるといういじめが出てきます。それが伯母（おば）の病院に入院している、特攻隊（とっこうたい）の生き残りという老人を知るきっかけになります。特攻隊（とっこうたい）の青年と、いじめの標的となった少年の姿が重なりあいます。同じ著者の『不死身の特攻兵（とっこうへい）』（24ページ）も読みましょう。

なぎなた部対剣道部の対決！
勝負は？

## 『おとめの流儀。』
小嶋陽太郎

ポプラ社（ポプラ文庫）
2017年発行　451ページ
本体価格：740円＋税
ISBN：978-4-591-15685-8

913
コ

小学校まで剣道をやっていた中学
１年生、主人公のさと子は、部員
１名のなぎなた部へ入部すること
に。部員が足りず廃部の危機には
らはらしたさと子ですが、友だち
のゆきちゃんが入部して活動開始。
部長の２年生、朝子さんの目標は
なんと同じ中学の剣道部を倒すこ
ととは……。なんにでも全力投球
のさと子は、部活、家庭と悩み多
きおとめです。さと子がんばれ！
と応援し、ラストはいっしょに涙
を流すことでしょう。さわやかな
青春ストーリーです。

悩める君のそばにもきっと
誰かがいる！

## 『放課後ひとり同盟』
小嶋陽太郎

集英社
2018年発行　224ページ
本体価格：1500円＋税
ISBN：978-4-08-771142-4

913
コ

家族の不和に気持ちがササクレる
林ちゃんにとって、クラス一の人
気者原田クンの好意もイラッとく
るだけ。唯一の話し相手コタケさ
んから、ビルの屋上で不幸を蹴り
続ける奇妙な男について教えられ、
自分に降りかかる不幸を蹴り始め
ますが……（第一話「空に飛び蹴
り」）。主人公たちは、それぞれに
深い悩みをかかえ、孤独を感じて
います。でも、彼らはみな自分に
寄り添ってくれる友だちがいたこ
とに気付き一歩を踏み出すのです。
このタイトルに納得！

## 笑って泣けちゃう家族の物語

# 『小説毎日かあさん
**おかえりなさいの待つ家に 』**
西原理恵子(作)、市川丈夫(文)、
丸岡 巧(絵)

KADOKAWA（角川つばさ文庫）
2011年発行　184ページ
本体価格：580円＋税
ISBN：978-4-04-631143-6

913
サ

マンガ家の西原理恵子さんは、小学1年生の男の子と4歳の女の子のお母さんです。毎日マンガを描き、毎日かあさんの仕事をしています。そして、戦場カメラマンのお父さんはお酒がやめられない病気のために、みんなとは別の家に暮らしていました。子どもたちとかあさんの日々のできごとには思わず笑ってしまうことがいっぱい。そして、お酒をやめて家に帰ってきたお父さんとのお別れに向き合う子どもたちの優しさに心打たれます。

## 「星のかけら」に託す思い

# 『星のかけら』
重松 清

新潮社（新潮文庫）
2013年発行　234ページ
本体価格：490円＋税
ISBN：978-4-10-134931-2

913
シ

小学6年生のユウキは今、学校でいじめにあっています。塾の友だちのマサヤが、あるウワサ話を教えてくれました。人が死んだ交通事故現場には「星のかけら」が落ちている。それを持っていると、嫌なことやキツいことがどんなにあっても耐えられるというのです。マサヤといっしょに「星のかけら」を探しに行ったユウキは、魔の交差点で不思議な女の子、フミちゃんに出会いました。生きてるってすごいことなんだ……。希望の光に導かれるような物語です。

等身大の14歳たちが、
ここにいる！

## 『14歳、明日の時間割』
鈴木るりか

小学館
2018年発行　284ページ
本体価格：1300円＋税
ISBN：978-4-09-386524-1

| 913 |
| --- |
| ス |

中学2年、14歳。教室には、勉強ができる子もそうでもない子も、スポーツが得意な子も苦手な子も、明るい子もおとなしい子も、いろいろな子がいて、それぞれ考えたり悩(なや)んだり泣いたり笑ったりしながら、日常を過ごしています。そんな、等身大の中学生たちが主人公の連作短編集。子どもたちの友情にホロリと涙(なみだ)しながら、時には困った大人たちの存在にクスリと笑いながら、生きていくことの尊さや明日への希望もさりげなく感じさせてくれる物語です。

愛に包まれるとは
こういうこと

## 『そして、バトンは渡された』
瀬尾まいこ

文藝春秋
2018年発行　372ページ
本体価格：1600円＋税
ISBN：978-4-16-390795-6

| 913 |
| --- |
| セ |

「母親が2人、父親が3人」もいる女子高生の森宮優子(もりみやゆうこ)。3歳で産みの母親が亡くなってから、いっしょに住む大人が何回も変わることになり、苗字(みょうじ)だって4回も変わってしまった。でも、ふつうの家族でないからといって優子が不幸なのかというと違(ちが)います。なぜなら、これまでいっしょに住んでくれたどの大人も、本気で優子のことを愛してくれていたのを知っているから。家族の形が変わっていたとしても、愛の形は変わらないことを教えてくれる作品です。

## 天使を飼いたいあなたへ

# 『天使のかいかた』
**なかがわちひろ(作)**

理論社（おはなしパレード）
2002年発行　85ページ
本体価格：1200円＋税
ISBN：978-4-652-00901-7

913
ナ

ペットが欲しいのに家の人の反対で飼えない「さち」は、ある日、野原で生きものを拾います。それはなんと小さな天使。お菓子の空き箱で家を、レースで服をつくり、大切に育て始めます。まわりの人には姿が見えない天使は、呼ぶと空からまいおりて、後ろをついてきたりしてなんともかわいいのです。天使のごはんは「おはなし」を聞かせることで、それも飼い主自身の話がとびきりのごちそうです。いつ天使がやってきてもいいように、あなたも予習してみませんか。

## あの美しい島にも戦争があった

# 『神に守られた島』
**中脇初枝**

講談社
2018年発行　231ページ
本体価格：1400円＋税
ISBN：978-4-06-512205-1

913
ナ

どこまでも青い空に澄み切った海、美しく咲く花。沖縄の北にある沖永良部島はとても美しい島です。ところがある日、そんな島にも戦争がやってきます。空襲が始まり、亡くなる人も出ます。苦しい日々の中でも、島の子どもたちは精一杯、元気に明るく生きていました。子どもたちを見守る大人も、戦いの影におびえつつ、美しい島唄を歌いながら子どもたちを守ります。そんな島の人たちのいきいきとした姿と、おたがいをいたわり合う姿に心を打たれます。

中学生と高校生の恋って！
〇か×か

## 『きみのためには
だれも泣かない』
梨屋アリエ

ポプラ社
2016年発行　270ページ
本体価格：1400円＋税
ISBN：978-4-591-15266-9

913
ナ

同じ著者の人気の作品『きみスキ』の続編。みなさんは友だち関係を大事にし過ぎて、余計なことを言わない、感情を表に出さないということはありませんか？　この本では、高校生７人＋中学生３人が登場し、自己中心的な女子中学生がまわりを巻き込み、男子高校生への想いを通そうとします。一方、その高校生は、クラスメートに告白しますが相手にしてもらえません。それぞれに真剣な想いをもっているのに、それがうまく相手に伝わらない青春小説です。

誰しもつながり、
存在する意義あり

## 『i』
西 加奈子

ポプラ社（ポプラ文庫）
2019年発行　323ページ
本体価格：680円＋税
ISBN：978-4-591-16445-7

913
ニ

高校に入学して間もないころ、数学教師が発した「この世界にアイは存在しません」という言葉は、ワイルド曽田アイという名前をもつ女の子の胸中にずっと居座り続けました。シリアで生まれ、アメリカ人の父と日本人の母のもとで養子として大切に育てられたアイは、慮ることも難しいほどの苦しみや世の不均衡さを考えさせられながら成長していきます。血の繋がりがなくても家族にはなれる、そして、存在することに意義があることも感じながら。

『しずく』
西 加奈子

光文社（光文社文庫）
2010年発行　222ページ
本体価格：500円＋税
ISBN：978-4-334-74722-0

913
二

メス猫・フクさんとサチさん。それぞれの飼い主、シゲルとエミコの同居にともない、いっしょに暮らすことになりました。2匹がいっしょにいると、いつもつまらないことでケンカになり、そしていつのまにか仲直りしています。2匹とも大好きなのは、シンクにあがって蛇口からポタポタと垂れる雫を直接飲むこと、雫が垂れるようすをながめること、そしておたがいの体についた水滴をなめあうこと。仲良し猫のユーモラスでちょっぴりせつない、短いお話です。

『SNS炎上』
NHK「オトナヘノベル」
制作班（編）、長江優子（著）、
如月かずさ（著）、鎌倉ましろ（著）

金の星社（NHKオトナヘノベル）
2017年発行　207ページ
本体価格：1400円＋税
ISBN：978-4-323-06211-2

913
二

LINEやインスタグラムなど、SNSを便利に使っている人も多いのではないでしょうか？　この本には、SNSの怖さが描かれた3つの話が収められています。第2話「見えない炎」の主人公は高校生のカレン。悪気なく、インターネットに投稿した写真が原因で、困ったことになってしまいます。しかし、カレンの周囲には彼女に手を差し伸べてくれる人もいて……。この本をきっかけに、SNSとのかかわり方をもう一度考えてみてはいかがでしょう。

## 世界の平和をつくる仕事

## 『すべては
平和のために』
濱野京子

新日本出版社
2016年発行　206ページ
本体価格：1800円＋税
ISBN：978-4-406-06029-5

913
ハ

「紛争を解決に導く」ことを目的にする平安コーポレーション社主の娘・和菜は、いずれ父の会社で国際貢献の仕事をしたいと考えています。大学入学を控えたある日、彼女に紛争地帯のアイロナ共和国からの調査依頼が舞い込んできました。不安と自信で揺れつつ現地に赴いた和菜でしたが、ガイド役のジャーナリスト・美香が見せる偽りのない現実に、自分がこれまで信じていたものへの疑問を感じ始めます。調印の時、和菜が下した決断とは？

## 必ず生きて日本へ帰ろうね

## 『晴れたらいいね』
藤岡陽子

光文社（光文社文庫）
2017年発行　345ページ
本体価格：700円＋税
ISBN：978-4-334-77495-0

913
フ

24歳の看護師・紗穂は、勤務中に大きな地震に遭遇し気を失ってしまいます。そしてつぎに目を覚ましたのはなんと昭和19年、太平洋戦争の激戦地であるフィリピンのマニラでした。しかも雪野サエという名の従軍看護婦になっていました。現代の看護師が過去へタイムスリップしてしまったのです。紗穂は苦難の戦場から祖国・日本へ、そして平成時代に帰ってこられるのか。ドリカムの名曲「晴れたらいいね」が印象的な、感動の一冊です。

## 小さな活字がつなげる 人たちの想い

## 『活版印刷三日月堂
星たちの栞』
ほしおさなえ

ポプラ社（ポプラ文庫）
2016年発行　311ページ
本体価格：680円＋税
ISBN：978-4-591-15041-2

913
ホ

活版印刷とは昔（むかし）の印刷法で、「活字」というハンコのようなものを型に入れ、インキをつけて刷ります。祖父母から受け継（つ）いだ活版印刷所を舞台（ぶたい）に、女性の店主が依頼（いらい）人の悩（なや）みをいっしょに解決しつつ、ていねいにその人の想い求めているものを製作します。「活字」を１本ずつ拾って刷る活版印刷を中心に、人と人のつながりが広がっていきます。続編に『海からの手紙』『庭のアルバム』『雲の日記帳』『空色の冊子』『小さな折り紙』とあり、続けて読んでください。

## 〈はる〉のしるしは 見つけられるかな

## 『ふたつのしるし』
宮下奈都

幻冬舎（幻冬舎文庫）
2017年発行　226ページ
本体価格：500円＋税
ISBN：978-4-344-42599-6

913
ミ

目立たぬように窮屈（きゅうくつ）な学校生活を過ごす優等生の遥名（はるな）、学校になじめない落ちこぼれの温之（はるゆき）。二人の「はる」は一体、どこで結びつくのか……？　小学校時代、授業に参加できない温之の「春のしるし」を見つけるエピソードが、書名とリンクし、読み終わった時に胸に響（ひび）いてじーんとします。『羊と鋼（はがね）の森』で本屋大賞を受賞した著者がおくる、器用に生きることができない二人の感情の動きを、繊細（せんさい）に描（えが）いた温かい物語。

世界でいちばん古い、
長～い物語を短く♪

『 **源氏物語** 新装版 』
紫 式部(作)、高木 卓(訳)、
睦月ムンク(絵)

講談社（講談社青い鳥文庫）
2011年発行 285ページ
本体価格：780円＋税
ISBN：978-4-06-285254-8

913
ム

源氏物語は、今から1000年ほど前
の平安時代に紫式部が書いた、と
ても長い物語です。世界の国々で
翻訳されて、日本の古典名作とし
て知られています。光源氏はこの
物語に登場する主人公の男性です。
美しく、才能にあふれる光源氏の
まわりには、たくさんの女性がい
て、多くの出会いや別れ、恋や人
間関係が描かれています。この本
は、その長～い物語を小中学生に
も読みやすいように短くまとめた
もの。平安時代の貴族の生活のよ
うすなども知ることができます。

こんなコンビニあったら
いいのにな

『 **コンビニたそがれ堂** 』
村山早紀

ポプラ社（ポプラ文庫ピュアフル）
2010年発行 180ページ
本体価格：540円＋税
ISBN：978-4-591-11416-2

913
ム

夕暮れ時の駅前商店街、赤い鳥居
が並んで立つあたりに、ときどき
現れる不思議なコンビニがあると
いいます。ほんとうに大切な探し
ものがあったなら、人はなぜかそ
こにたどり着くそうです。好きな
女の子にひどいことを言ってしま
い、引っ越しで謝ることもできな
くなったことを後悔する少年や、
大事なお人形のリカちゃんをお母
さんに捨てられてしまった少女。
みんな探しものを見つけることが
できるでしょうか？　こんなお店
があったらいいのにな。

武器は俳句、めざすは甲子園 !?

# 『春や春』
## 森谷明子

光文社（光文社文庫）
2017年発行　431ページ
本体価格：740円＋税
ISBN：978-4-334-77468-4

913
モ

私立の女子高に通う茜は、ある日、国語の授業で「俳句は文学ではない！」と言い放った教師と対立したことから、俳句の趣味を理解してくれるトーコという友人ができます。二人は「俳句甲子園」をめざして同好会を設立し、メンバー集めに奔走しますが……。ド素人集団がしだいに実力をつけ、やがて見事な戦いぶりを披露していくさまは文句なくおもしろい！　読み終わると「春や春」のタイトルがじーんと心に染みてきます。スポーツよりも熱い！　青春物語です。

おとなになるって？

# 『空へのぼる』
## 八束澄子

講談社
2012年発行　197ページ
本体価格：1300円＋税
ISBN：978-4-06-283224-3

913
ヤ

両親に捨てられた乙葉は、姉の桐子とおばあちゃんとの３人家族。15歳年上の桐子は女庭師として働いており、桐子の彼は、大木を専門に切り倒す空師と呼ばれる仕事をしています。小学５年生の乙葉は、自分はどんな人のお腹から生まれてきたのか悩んでいます。そんな折、学校であった「いのちの授業」と、姉の妊娠。「お母さんもがんばったけど、みんなもがんばって自分の力でこの世に生まれてきたんだよ」（63ページ）。生命力がみなぎる一冊です。

## これからの時代を生きる若者たちへ！

## 『生き方の演習
### 若者たちへ 』
塩野七生

朝日出版社
2010年発行　92ページ
本体価格：1100円＋税
ISBN：978-4-255-00548-5

914
シ

『ローマ人の物語』などの数々の著作があり、長くイタリアで暮らす著者が、「教養とは？」「ブレない価値とは？」「国際化時代に生きるとは？」といった人生の指針を若者向けに綴った一冊。孤独だった高校時代から一貫して、自分の興味に忠実に生きている著者。その言葉は時に率直で厳しいですが、根底には若者へのあたたかい視線が感じられます。講演がもとになっている本なので、実際に語りかけられているように、すっと言葉が心に届きます。

## キッカケはバドミントンだった

## 『ブルネイでバドミントンばかりしていたら、なぜか王様と知り合いになった。』
大河内 博

集英社インターナショナル
2014年発行　384ページ
本体価格：1600円＋税
ISBN：978-4-7976-7262-6

916
オ

東南アジアでバドミントンは人気のあるスポーツです。大使館職員としてブルネイ（ブルネイも東南アジアの国のひとつ）に渡った著者は、バドミントンを通じて現地社会に溶け込み、やがて王族とプレーするまでになります。そして、この人脈を活かし、国際親善、さらには日本の国益を追求していきます。異国で前向きに現地の人との交流や仕事に取り組む著者の姿から、スポーツや仕事など、何ごとにも熱中し、積極的になることの醍醐味を感じてください。

# 『顔ニモマケズ
どんな「見た目」でも幸せになれる
ことを証明した９人の物語』
水野敬也

文響社
2017年発行　204ページ
本体価格：1450円＋税
ISBN：978-4-905073-64-2

916
ミ

みなさんにはコンプレックスがあ
りますか？　誰でもひとつはコン
プレックスをもち、それに悩みな
がら生きています。もし、その悩
みの種が他人からはっきり見える
ことだったらどうでしょう。この
本に出てくる人たちは、病気で顔
にひと目でわかるくらい大きな変
化が起きてしまった人たちです。
人びとの好奇の視線にさらされ、
差別され、傷ついた重い経験が語
られていきます。それでも、彼ら
の前向きに生きていく姿に勇気を
もらえます。

# 『ネギをうえた人
朝鮮民話選』
金　素雲（編）

岩波書店（岩波少年文庫）
2001年発行　253ページ
本体価格：680円＋税
ISBN：978-4-00-114089-7

929
キ

古くから口づたえで伝わってきた
おとなりの国・朝鮮半島の民話を
33編集めた一冊。なんだか聞い
たことがあるお話だな、あれ、こ
のお話、あのお話とあのお話がく
っついていて、でもちょっと違う
感じ……。そんな親しみがもてる
お話から、プッと思わず笑っちゃ
うようなお話、空想に満ちたお話
まで、一つひとつがとても楽しく
読めます。日本語訳がとても美し
く、どれも短いお話なので友だち
に語ってあげるのにもぴったりで
す。

これは幸運の女神？
または悪魔の手先？

## 『笑う化石の謎』
ピッパ・グッドハート(著)、
千葉茂樹(訳)

あすなろ書房
2017年発行　287ページ
本体価格：1500円＋税
ISBN：978-4-7515-2876-1

933
グ

物語の舞台は、今から150年以上
前のイギリス・グランチェスター
村。13歳のビルは貧しい家を助
けるため、「コプロライト」と呼
ばれる、化石の採掘現場で働き始
めました。ある日、採掘場の溝に
落ちたビルは、薄暗い土壁に、に
んまりと笑う不気味な化石を発見
します。これをきっかけに、ビル
のまわりでさまざまな事件が起こ
ります。一体、化石の正体は？
グランチェスターは実在の村です。
当時の暮らしや化石資源への熱気
も伝わってきます。

なんで女子はスカートって、
決まってるのよ

## 『パンツ・
プロジェクト』
キャット・クラーク(著)、
三辺律子(訳)

あすなろ書房
2017年発行　263ページ
本体価格：1400円＋税
ISBN：978-4-7515-2872-3

933
ク

自分の性別に違和感を覚えている
リヴはマンマと母さんと弟のエン
ツォとの４人暮らし（あと犬のガ
リバルディも）。これから中学の
入学式ですが、なんとその学校で
は女子はスカート、男子はズボン
という決まりがあります。リヴに
とってスカートをはくことは耐え
られません。イマドキこんな時代
遅れな校則、変えてやる！　リヴ
のパンツ・プロジェクトが始まり
ました！　家族の形はいろいろ、
そして何より、自分は自分らしく
生きようという勇気をくれます。

# 『ぼくたち
負け組クラブ』

**アンドリュー・クレメンツ**(著)、
**田中奈津子**(訳)

講談社
2017年発行　255ページ
本体価格：1400円＋税
ISBN：978-4-06-283247-2

933
ク

小学6年生のアレックは本に夢中になり過ぎて、読書禁止を言い渡されます。なんとかして本を読みたいアレックは放課後に「読書クラブ」をつくりました。自由に好きなだけ本が読めるように。ただし、ほかの人が入部して邪魔されないよう、特別な名前も考えました。ところが、アレックの予想を裏切って、クラブは孤立していた子どもの居場所になっていきます。物語に登場する本は現実にあるものばかり。リストつきで、つぎに読む本にも困りません。

# 『レモンの図書室』

**ジョー・コットリル**(作)、
**杉田七重**(訳)

小学館
2018年発行　287ページ
本体価格：1500円＋税
ISBN：978-4-09-290619-8

933
コ

母を病気で亡くし、父と二人暮らしをしているカリプソ。母から譲り受けたたくさんの本がある部屋をカリプソも大切にしていました。ある日、レモンの歴史を題材にした小説が認められず心を病んだ父は、その部屋にあった本をすべてどかして、レモンを置いてしまいます。そんな父の姿を間近に見てカリプソは……。学校に転入してきたメイとの出会いがカリプソの心をも強くします！　このお話の中に登場する本のリストもついています。

## 『ジョージと秘密のメリッサ』
**アレックス・ジーノ**(作)、
**島村浩子**(訳)

偕成社
2016年発行　222ページ
本体価格：1400円＋税
ISBN：978-4-03-726880-0

| 933 |
|---|
| ジ |

10歳のジョージは、見た目は男の子ですが、心の中は女の子。男の子らしくしていなくてはいけないことが、つらいと感じていました。なんとかしてママに伝えたいと考えるのですが、誰にも打ち明けることができません。学校で劇をすることになり、ジョージがやりたかったのは賢くて優しいクモのシャーロット。でもそれは女の子の役だと、先生に反対されてしまいます。そんなジョージのことをわかってくれる親友ケリーと考えた作戦は……。

## 『スマート キーラン・ウッズの事件簿』
**キム・スレイター**(作)、
**武富博子**(訳)

評論社
2016年発行　301ページ
本体価格：1400円＋税
ISBN：978-4-566-02452-6

| 933 |
|---|
| ス |

キーランは特別な事情をかかえている少年です。ひとつは自分の考えや行動を周囲と合わせられないこと。2つ目はいっしょに暮らす家族の秘密。ある日、キーランは近所のホームレスが川で亡くなっているのを発見します。警察は事故だと判断しますが、キーランは納得できません。そして事件を一人で解決しようと決めました。キーランには一度見たものを写真のように描写できる絵の才能がありました。これがのちに、事件の真相を暴くのに役立っていきます。

## 無力な若者たちの失われた物語

## 『凍てつく海のむこうに』

ルータ・セペティス(作)、
野沢佳織(訳)

岩波書店
2017年発行　395ページ
本体価格：2100円＋税
ISBN：978-4-00-116012-3

敗戦間近のドイツは、ソ連の侵攻から住民を逃がすためにバルト海を渡る「ハンニバル作戦」を実行します。この史実を基にした物語は、4人の若者の視点でつづられていきます。生き抜くために彼らは、行く先々で多くの命を置き去りにし、たくさんのうそと後悔をかかえて船に乗るのですが、船は海上で攻撃を受けます。彼らの命はどうなるのか。戦争は人の心も殺してしまう、そのことを強く思う物語ですが、ラストには再生を感じて救われます。

## 「困難な時」にはカップケーキ!?

## 『負けないパティシエガール』

ジョーン・バウアー(著)、
灰島かり(訳)

小学館
2013年発行　349ページ
本体価格：1500円＋税
ISBN：978-4-09-290573-3

主人公のフォスターはカップケーキづくりの天才！　でも、実はフォスターもママも、大変な事情をかかえていました。ある日突然、二人が家を出なくてはならなくなるところから、物語は始まります。新しく住み始めた場所で二人を助けてくれたのは、フォスターのつくったカップケーキでした。どんな時も前向きにがんばるフォスターのひたむきな姿に元気をもらえます。そしておいしそうなお菓子がたくさん出てくるので、お腹のすく一冊です。

自分の力を信じることの
大切さ

## 『緑の霧』
キャサリン・ヴァン・クリーヴ(作)、
三辺律子(訳)

ほるぷ出版
2017年発行　365ページ
本体価格：1700円＋税
ISBN：978-4-593-53499-9

| 933 |
| --- |
| バ |

ポリーが家族といっしょに暮らしているルバーブ農園は、週に1回は必ず雨が降り、人間と意思疎通できる植物がいる不思議な農園です。そんな平和な農園にある日、緑の霧が発生してから、おかしなことが続くようになりました。農園に雨が降らなくなったり、空中ブランコが事故を起こしたり。ポリーは農園を救うために、行動を起こすことにしました。ふだんは臆病で引っ込み思案なポリーが、勇気を出して困難に立ち向かう姿に感動します。

母の故郷で彼女が
経験したこととは？

## 『モンスーンの贈りもの』
ミタリ・パーキンス(作)、
永瀬比奈(訳)

鈴木出版
2016年発行　318ページ
本体価格：1600円＋税
ISBN：978-4-7902-3317-6

| 933 |
| --- |
| パ |

サンフランシスコで充実した生活を送る15歳の少女ジャズは、夏休みを家族全員で母親の故郷であるインドで過ごすことになります。もともとインドに行くことに乗り気ではなかったこともあり、アメリカとまったく違うインドの生活や文化に驚くジャズ。しかし、彼女の家にお手伝いとして来た孤児の少女ダニタとふれ合ううちに、彼女の考えは変わっていきます。母のルーツ探しや、みずからの恋愛問題など、内容が盛りだくさんの小説です。

130

## 『さよなら、スパイダーマン』

アナベル・ピッチャー(著)、
中野怜奈(訳)

偕成社
2017年発行　309ページ
本体価格：1700円＋税
ISBN：978-4-03-726900-5

933
ピ

ジェイミーは10歳。ふたごの姉
はジャスとローズ。でもローズは
テロで死んでしまいます。ローズ
の死を受け入れられず、イスラム
教徒を憎んで酒ばかり飲んでいる
父さんと、家を出て行った母さん。
心機一転、父はジェイミーとジャ
スを連れて湖水地方に引っ越しま
した。それでもローズの死の実感
がもてず、母さんが戻って来てく
れる日を待っているジェイミー。
そんな彼を救ってくれたのは転校
先で出会ったイスラム教徒のスー
ニャでした。

## 『フラワー・ベイビー』

アン・ファイン(著)、
墨川博子(訳)

評論社
2003年発行　262ページ
本体価格：1600円＋税
ISBN：978-4-566-01358-2

933
フ

「悪ガキ」が集まる4-Cの生徒に
出された理科のプロジェクトは、
「フラワー・ベイビー（小麦粉ぶ
くろの赤ちゃん）を3週間育て
る」というもの。フラワー・ベイ
ビーを育てるためには、規定を守
らなくてはなりませんが、この規
定がまるで本物の赤ちゃんを育て
るような大変さ。サイモンは、フ
ラワー・ベイビーを育てる中で、
自分が生まれて間もないころに家
を出て行ってしまった父親のこと
を考えます。最後のサイモンの育
児日記に涙しました。

# 『ヒトラーと暮らした
少年』

ジョン・ボイン(著)、
原田 勝(訳)

あすなろ書房
2018年発行　287ページ
本体価格：1500円＋税
ISBN：978-4-7515-2877-8

933
ボ

ドイツの独裁的指導者であったヒトラーが、休暇を過ごした山荘が話の舞台です。ドイツ人の父とフランス人の母の間に生まれた主人公のピエロは、両親を失った後、山荘で働く叔母に引き取られます。ヒトラーと接する中で、しだいにピエロはユダヤ人の友人からの手紙を無視し、他者への口調が高圧的になっていくようになります。さらに悲劇的なできごとも起きてしまい……。終戦を迎えたピエロが歩みを進めるところでほっとできます。

# 『ふたりママの家で』

パトリシア・ポラッコ(絵・文)、
中川亜紀子(訳)

サウザンブックス社
2018年発行　1冊
本体価格：2300円＋税
ISBN：978-4-909125-09-5

933
ポ

「わたし」の家には、ふたりのママがいます。「わたし」が3歳になった時、弟のウィルがやってきました。その後、妹のミリーも家族になります。いつも仲良しで、にぎやかで、楽しい、愛情いっぱいの家族！　やがて、子どもたちは独立し、孫が生まれ……。どのページも、近所の人たちも含め、みーんな笑顔！　笑顔！　見ているこっちも元気になっちゃいます。なかには少しだけ、渋い顔の人も出てきますが、それはなぜか読んで考えてみてくださいね。

## 『エヴリデイ』

**デイヴィッド・レヴィサン**(作)、
**三辺律子**(訳)

小峰書店
2018年発行 401ページ
本体価格：1800円＋税
ISBN：978-4-338-28716-6

933
レ

「Ａ」は、いつも違う誰かのからだで目覚めます。一日をその人のからだで過ごし、つぎの日は違う誰かのからだで目覚めるのです。それに慣れていました。でも、ある時、一人の女の子を好きになってしまいます。その子も徐々に「Ａ」を受け入れ始めますが、「Ａ」は毎回違う外見で現れます。男である時もあれば女の時もあります。好きになるって、丸ごと相手を受け入れること。毎回違うからだで現れる人も受け入れられる？　二人の想いの結末は……。

## 『魔法にかけられたエラ』

**ゲイル・カーソン・レヴィン**(著)、
**三辺律子**(訳)

サウザンブックス社
2016年発行 298ページ
本体価格：2600円＋税
ISBN：978-4-909125-00-2

933
レ

生まれた時、やっかいな妖精のルシンダがお祝いだといってエラにかけた魔法は、なんと「従順」の魔法。その魔法のせいで、命令されたことには絶対、従ってしまうのです。魔法のことを知っているのはお母さまと料理人のマンディだけ。それでも、いつまでもそんな魔法をかけられっぱなしでいいわけがない！　魔法を取り消してもらうために旅に出たエラ。国中のあこがれの的の王子さまとの胸キュンもあります。実は、ある映画の原作なんですよ。

文通がつないだ人生

## 『かならずお返事 書くからね』

**ケイトリン・アリフィレンカ、 マーティン・ギャンダ**(著)、 **リズ・ウェルチ**(編)、 **大浦千鶴子**(訳)

PHP研究所
2018年発行　405ページ
本体価格：1600円＋税
ISBN：978-4-569-78732-9

936
ア

　ケイトリンはアメリカに住むごくふつうの少女です。ペンパルの相手国にアフリカのジンバブエを選んだ彼女(かのじょ)は、少年マーティンと文通することになります。文通とともに語られていくアメリカとジンバブエ、両国の境遇(きょうぐう)の違(ちが)いに、みなさんもきっと驚(おどろ)くことでしょう。しかし、自分のことを正直に語るケイトリン。貧しく困難な境遇にあっても卑屈(ひくつ)にならず常に前を向くマーティン。そして彼(かれ)らを支える家族の姿が、私たちに感動を与(あた)えてくれます。

---

庭師になりたいと思った 少女の話

## 『庭師の娘』

**ジークリート・ラウベ**(作)、 **若松宣子**(訳)、**中村悦子**(絵)

岩波書店
2013年発行　239ページ
本体価格：1900円＋税
ISBN：978-4-00-115661-4

943
ラ

　舞台(ぶたい)は、1768年のウィーン。主人公のマリーは、看護について学ぶために修道院に通う14歳(さい)の少女です。植物が好きなマリーは、父親と同じ庭師になりたいと願っていました。でも、当時の女性に職業選択(せんたく)の自由はほとんどなく、父親も娘(むすめ)が修道院で看護婦になることを望んでいました。それでも庭師になりたいという強い願いをもつマリーが、自分の夢(ゆめ)を実現するためにさまざまな困難を乗り越(こ)え、努力していく姿が魅力的(みりょくてき)な話です。

もう「ありがとう」って
言いたくない

# 『テオの
「ありがとう」ノート』
**クロディーヌ・ル・グイック
＝プリエト**(著)、**坂田雪子**(訳)

PHP研究所
2016年発行 220ページ
本体価格：1400円＋税
ISBN：978-4-569-78534-9

| 953 |
| --- |
| ル |

12歳のテオはある日、「ありがと
う」となるべく言わないことを決
心します。生まれつき両足と左手
が不自由なテオは、いつもまわり
の人に助けてもらっています。一
日に何度も、「ありがとう」と言
わなくてはならない毎日がいやに
なったのです。「ありがとう」を
言わないために考えたこと、それ
は自分でできることを増やすこと。
そしてほかの人に「ありがとう」
を言ってもらうこと。実行するの
は簡単ではありませんでしたが
……。

私たちはテロに対して
何ができる

# 『ぼくは君たちを
憎まないことにした』
**アントワーヌ・レリス**(著)、
**土居佳代子**(訳)

ポプラ社
2016年発行 149ページ
本体価格：1200円＋税
ISBN：978-4-591-15090-0

| 956 |
| --- |
| レ |

2015年11月にパリで起こった同
時多発テロを覚えていますか。著
者のレリスさんは、このテロで最
愛の奥さんを亡くします。世界中
が憎しみと悲しみの感情であふれ
ていたあの時、彼はフェイスブッ
クに「憎しみという贈り物を君た
ちにはあげない」とつづりました。
なぜ彼がこの言葉を発信したので
しょう。残された小さな息子とこ
の世界で生きていくためにたどり
着いた思いを、この本を読んでぜ
ひ感じてください。胸にせまりま
す。

## 『アウシュヴィッツの図書係』

アントニオ・G・イトゥルベ(著)、
小原京子(訳)

集英社
2016年発行　445ページ
本体価格：2200円＋税
ISBN：978-4-08-773487-4

963
イ

今、私たちは本を読もうと思ったらすぐ手に届くところにたくさんの本があります。読むのも読まないのも自由。自由であるがゆえに、本を読めることの大切さ、ありがたさに気がつかないのではないでしょうか。主人公のディタは、アウシュヴィッツ収容所の31号棟(とう)の「図書係」。8冊のみの小さな「図書館」の仕事は、大切な本が見つからないように隠(かく)すこと。戦争の悲劇は当然ながら、本を読めるという自由の意義を考えながら読んでほしい一冊です。

## 『いっぽんのせんとマヌエル』

マリア・ホセ・フェラーダ(文)、
パトリシア・メナ(絵)、
星野由美(訳)

偕成社
2017年発行　36ページ
本体価格：1300円＋税
ISBN：978-4-03-202770-9

963
フ

マヌエルくんが大好きな「いっぽんのせん」を追いかけていくと、いろいろなものに出合います。「線」から物語が始まる絵本です。線から太陽がのぼってきたり、線に鳥がとまったりします。線が道になって、学校で続いています。線がブランコになって、弟と遊んだりします。この絵本には、言葉といっしょにピクトグラムがついています。ピクトグラムは言葉を絵で表したものです。どんな人にとっても、お話しがわかりやすくなっています。

別の視点から考えるために

# 『チェルノブイリの祈り 未来の物語』
## スベトラーナ・アレクシエービッチ（著）、松本妙子（訳）

岩波書店（岩波現代文庫）
2011年発行　311ページ
本体価格：1040円＋税
ISBN：978-4-00-603225-8

986
ア

1986年、ウクライナで起きたチェルノブイリ原発事故。この本は事故そのものについて書かれているのではなく、住民や事故処理作業者、研究所主任、歴史研究者などの、事故に遭遇（そうぐう）した人びとの声が記録されています。さまざまな立場の人が登場し、かつて起きたことのない事態に人びとは何を感じて、どのように行動したのかということが書かれ深く考えさせられます。当時の人びとに寄り添（そ）い、彼（かれ）らの思いを取材したドキュメンタリー文学です。

# 書名索引

## さ

## た

## や

## ら

## わ

# 「東京・学校図書館スタンプラリー」に参加しよう！

　「東京・学校図書館スタンプラリー」は、夏休みに都内の中学・高等学校・中等教育学校の学校図書館を公開するイベントです。本と図書館が好きな人なら誰でも参加できます。小学校入学前の子どもから大人まで、毎年多くの人が参加しています。

　このイベントは第1回目が2012年に開催されました。当初は小さく始まったイベントも毎年参加校と参加者が増え、2019年の第8回では国立大学附属が3校、都立19校、私立13校の合計35校が参加校になるまでに成長しました。この年の参加者は1283名となり、累計では7395名に達しています。イベントの開催期間は、学校が夏休みになる7月中旬から8月下旬にかけて、参加校が決めた数日程度の日程で公開をしています。参加校は毎年少しずつ変わるので、新しい学校図書館に出合えるという楽しみがあります。

　公開期間中は学校図書館内を自由に見学できます。本棚にある本を読むこともできますし、参加校の学校司書や図書委員、ほかの参加者と会話をすることもできます。学校によっては特色あるイベントを行っている場合もあります。工作系ではしおりやモビール、豆本づくりなど、イベント系ではブックトークやビブリオバトル、POP講座などが行われています。基本的に無料で参加でき、小さい子どもから楽しめるイベントもあります。どの学校でどんなイベントをやっているかは、ホームページで確認してみましょう。

　学校図書館スタンプラリーでは、複数の学校を回ると特典があります。参加者全員には毎年新しく制作するブックガイド小冊子と特製しおりを差し上げています。さらに、チラシのスタンプ欄に各校のスタンプを集めていくと、スタンプの数に応じた特別なプレゼントがもらえます。
参加校は都内全域にあります。まずは自宅に近い学校を探してみましょう。ほかにもおもしろそうなイベントを開催している学校に行くなど、みなさんのご都合に合わせて積極的に参加してください。

　これまでの活動内容や、今後の活動予定、イベント情報などの各種情報については公式ホームページをご覧ください。

## 東京・学校図書館スタンプラリー
URL：http://tokyohslib.ehoh.net/

## スタンプラリーのようす

「東京・学校図書館スタンプラリー」では、いろいろな学校図書館を見ることができます。学校ごとに図書館はまったく違う顔をもっています。個性あふれる学校図書館を体験してください。期間中はいろいろなイベントも行っています。興味のあるイベントにも参加してみましょう。

図書委員が受付をしてくれます

学校ごとに異なるスタンプを集めよう

図書委員が読み聞かせをしてくれます

しおりづくりに熱中

都立図書館とのコラボでブックトーク

POP王のPOP講座

## 作家の講演会

「東京・学校図書館スタンプラリー」では、作家の先生をお招きして中高生と交流をしてもらっています。これまでに額賀澪先生、阿部智里先生、柚木麻子先生、小嶋陽太郎先生がいらしてくださいました。会場では中高生たちが活発に質問や意見を出し、作家の方々が熱心に答えてくれる光景がくり広げられます。この作家講演会は毎年秋に実施しています。

# 景品のブックガイド小冊子

「東京・学校図書館スタンプラリー」では、参加校の司書によるブックガイドを制作し、参加者全員に配布しています。毎年新しい本が選ばれていて、司書のおすすめの本がたくさん紹介されています。このブックガイドが目的で参加している人もいるという話も。

　今回は第6回から第8回までに制作した3冊のブックガイドをまとめました。

**表紙のイラストは高校生が描いています**
**大きさは文庫サイズで持ち歩きやすい**
**最初の参加校でもらえます**

## 『もっとある！ 学校図書館の司書が選ぶ小中高生におすすめの本220』執筆者一覧

青野由美　　明治学院中学校・東村山高等学校　司書教諭
足立純子　　都立小平高等学校　学校司書
有山裕美子　工学院大学附属中学校・高等学校　司書教諭
内田香里　　都立板橋高等学校　学校司書
大浦和子　　元　都立東村山西高等学校　学校司書
太田尚子　　都立墨田川高等学校　学校司書
岡村淑美　　明治学院高等学校　司書教諭
尾崎裕之　　都立竹台高等学校　学校司書
小澤慶子　　トキワ松学園中学校高等学校　司書教諭
岡﨑那菜　　渋谷教育学園幕張中学校・高等学校　学校司書
加藤志保　　筑波大学附属駒場中学校・高等学校　学校司書
勝見浩代　　トキワ松学園中学校高等学校　司書教諭
久保田明実　都立多摩工業高等学校　学校司書
腰原涼子　　都立豊多摩高等学校　学校司書
近藤裕子　　都立桜修館中等教育学校　学校司書
齋藤玲子　　都立白鷗高等学校　学校司書
佐々木愛　　神田女学園中学校高等学校　学校司書
佐藤久栄　　都立井草高等学校　学校司書
柴田夏実　　都立東大和南高等学校　学校司書
杉山和芳　　都立南多摩中等教育学校　学校司書（**編集主幹**）
関根真理　　都立大江戸高等学校　学校司書
曽我部容子　広尾学園中学校・高等学校　司書教諭
大作光子　　軽井沢風越学園　司書教諭
宅間由美子　都立国際高等学校　学校司書
谷口裕美子　目黒日本大学中学校・高等学校　司書教諭
千田つばさ　都立町田総合高等学校　学校司書
中島秀男　　聖学院中学校・高等学校　司書教諭
中村敦子　　都立科学技術高等学校　学校司書
鳴川浩子　　玉川聖学院中等部・高等部　司書教諭
二井依里奈　田園調布学園中等部・高等部　司書教諭
沼田富士子　都立秋留台高等学校　学校司書
橋本亜佳子　駒場東邦中学校・高等学校　司書教諭
原恵子　　　都立小松川高等学校　学校司書
東山由依　　元　筑波大学付属駒場中学校・高等学校　学校司書
平井孝明　　都立国立高等学校　学校司書
星川弘恵　　宝仙学園中学校・高等学校　学校司書
堀岡秀清　　都立広尾高等学校　学校司書
本間恵美　　都立国分寺高等学校　学校司書
本間葉子　　都立白鷗高等学校附属中学校　学校司書
松井由記　　田園調布学園中等部・高等部　学校司書
村上恭子　　東京学芸大学附属世田谷中学校　学校司書
村松正樹　　都立東大和高等学校　学校司書
渡邊愛　　　錦城高等学校　学校司書
丸岡準治　　元　都立町田総合高等学校　学校司書
木村理恵子　中央大学附属中学校・高等学校　学校司書
廣井季葉　　都立立川高等学校　学校司書

[ 編著者紹介 ]

**東京・学校図書館スタンプラリー実行委員会**
（とうきょう・がっこうとしょかんすたんぷらりーじっこういいんかい）

中学校・高等学校・中等教育学校の学校図書館を公開するイベント「東京・学校図書館スタンプラリー」を主催。東京都内の都立高等学校、私立中学・高等学校で働く専任の図書館司書と司書教諭により2012年に組織され、「東京・学校図書館スタンプラリー」全体の企画と調整、運営を行っている。イベント参加者に学校図書館を実際に見学・体験してもらうことで、学校図書館活動への理解を深めてもらうことを目的としている。編著書に『学校図書館の司書が選ぶ小中高生におすすめの本300』（ぺりかん社）がある。

# もっとある！ 学校図書館の司書が選ぶ<br>小中高生におすすめの本220

2020年 8月31日　初版第1刷発行

| | |
|---|---|
| 編著者 | 東京・学校図書館スタンプラリー実行委員会 |
| 発行者 | 廣嶋武人 |
| 発行所 | 株式会社ぺりかん社 |
| | 〒113-0033　東京都文京区本郷1-28-36 |
| | TEL 03-3814-8515（営業） |
| | 　　 03-3814-8732（編集） |
| | http://www.perikansha.co.jp/ |
| 印刷所 | 株式会社太平印刷社 |
| 製本所 | 鶴亀製本株式会社 |

©Tokyo School Library Stamp Rally 2020
ISBN978-4-8315-1572-8　Printed in Japan

☆☆☆…1600円　★★★…1500円　☆☆…1300円　★★…1270円　☆…1200円　★…1170円(税別価格)

☆☆☆…1600円　★★★…1500円　☆☆…1300円　★★…1270円　☆…1200円　★…1170円（税別価格）